〈改訂版〉

# 本当に
# 必要なものはすべて
# 「小さなバッグ」が
# 教えてくれる

横田真由子

Way of Life Called Minimum Rich

Mayuko Yokota

クロスメディア・パブリッシング

本書は2016年発行『本当に必要なものはすべて「小さなバッグ」が教えてくれる』を加筆、改訂したものです。

# アフターコロナの時代によせて

「季節が変わり始めている」そう感じた朝、ふと、海沿いの街に出かけたくなりました。

コロナ禍で、オンラインのヨガレッスンや韓国映画にもハマったし、おうち時間の楽しみ方は十分覚えたけれど、「そろそろ、出かけない?」と相棒の小さなバッグが、私を誘っているような気がしたのです。

「バッグは、運を運ぶもの」と言われているから、少し遠くへ出かけることで、今の流れが変わるかもしれない。「今までもそうだったよね」と言わんばかりに、小さな相棒が私を見ていたのです。

日常のささいなことにも億劫になったり、何もかもが面倒に感じるとき、外の世界へと連れ出してくれるのは、いつも、この小さな相棒です。

私は、小さなバッグに小さな財布とスマホだけを入れて、海沿いの街へと出かけました。お気に入りのワンピースにスニーカー。気楽なおうちファッションも、コロナ禍であれこれと楽しんだけれど、やっぱり、ロンハーマンで買った、この風をまとうようなワンピースに袖を通すとテンションが上がる。

「移動距離は、学びの多さと比例する」というけれど、近場でも十分。1時間も電車に乗れば、車窓からの景色は、非日常へと変わっていきます。

何も持たず、何も決めず、ただ心のままに歩けるのは、身軽だからこそ。

身軽だと心も軽やかで、なんだか自由。余白もたっぷりある。

車窓から見える海は、秋の黄金色の光を浴びて、きらきらと輝いていました。

コロナ禍で縮こまっていた体も心も、たっぷりと光合成しているよう。

私は、ゆったりと流れる時間の中で、脳が浄化していくような感覚になりました。

週末にはちょっと贅沢なスイーツを食べ、ふかふかの毛布にくるまって推しの音楽を聴いたり、バスタイムにアロマを焚いたりしたコロナ禍の日々。

ストレスを溜めないための習慣はこの3年間、常に意識をしていたけれど、「脳も疲れていたんだな」と、改めて実感したのです。

視覚は、五感の中でも王様。インターネット動画とは違う目の前のリアルな景色は、脳にダイレクトに働きかける。

遠くに見える山や、雨上がりの空にかかった虹を見て、蓄積された疲れがリセットされていく。脳が洗われていく感覚。


小さなバッグは、私に軽やかさと自由をくれる相棒。

さぁ、今こそ、小さなバッグで、ふらりと心のままに、どこかに出かけませんか？

きっと、新しい自分との出会いが待っています。

はじめに

小さいバッグを持つと、身軽になって出かけたくなってきます。もっといろんなものを見てみたいという気持ちになります。重いバッグを持っているときより、小さいバッグを持っているときの方が、自由度が断然増すからです。

例えば散歩の途中、いつもは同じ道を通っていても、曲がらない角を曲がってみたくなります。気になっていたけれど入らずに素通りしていたお店に、ちょっと入ってみようかなという気になります。

すると、そこで思いがけず、素敵なお店を発見したり、欲しかったものに出会ったりすることもあると思います。直感が働くときは、心が軽いときです。視野が広くなって、普段使っていないアンテナがいろんなものをキャッチしてくれるときなのです。大きな変化はいつも、小さな行動の変化からはじまります。

友人からこんな話を聞きました。

通勤時、乗り換えに便利だからと、いつも決まって3両目の電車に乗っていました。

でも、小さいバッグに変えたある日、ふと、「今日は、1番前の車両に乗って、いつもは見ない景色を見てみようかな」と思い立ち、乗ってみたそうです。すると、そこで以前から素敵だなと思っていた人にばったり会い、雑談するうちに、一緒に食事をすることになったというのです。

もしいつもと同じバッグを持っていたら、彼女はいつもと同じ3両目の車両に乗っていたでしょう。会いたい人にばったり会えた、ということもなかったと思います。

チャンスを掴むには、直感に従って行動することも大切です。「チャンスの神様は、前髪しかない」と、よく言われます。通り過ぎてから気づいて振り返っても、もう掴むことはできません。直感を磨くには、決断を早くすること。決断を早くするには、身軽であることが必要なのです。

さあ、小さなバッグを持って、颯爽と新しい場所へ出かけましょう。

目次

Chapter 2

# お金をかけるにはポイントがある

## ―厳選アイテム10点

Chapter

# 3 エレガンスと美意識のみがき方

Chapter 4

## 小さなバッグを持つ生き方



ブックデザイン　都井美穂子
カバーイラスト　アルテコ

# Prologue

豊かな人生は小さなバッグから始まる

Way of Life Called
Minimum Rich

# 豊かな人生は
# 小さなバッグから始まる

小さなバッグに入れるのは、
限りある人生に入れたいものだけでいい

## 大きいバッグには心配と義務感が詰まっている

私はグッチの販売スタッフとして勤めた後、キャリアカウンセラーとして、延べ3千人の働く女性と会ってきました。

悩めるキャリア女性とお会いして気づいたことは、「がんばり過ぎる女性は、バッグが大きい人が多い」ということです。パソコン、書類など仕事に必要なものから、のど飴や折りたたみ傘、カーディガンやエコバッグなど万一のときに備えたものまで、すべてきちんと準備して持っていないと、なんとなく心配なんですよね。

かつての私がまさにそうでした。

誰かの手をわずらわせてはいけない、1人で何でも解決しなければと、必要以上に肩に力が入っていたと、今では思います。

「あの人はがんばり屋さんだね」「あなたがいてくれると助かるよ」という言葉にはげまされ、1人で何でもできるのがすごいことなんだと思っていました。でも、がんばればがんばるほど、バッグはどんどん大きくなり、肩にかかる重みはぐいぐい増していきました。

それでも弱音を吐かずにがんばって、アルバイトという立場から、史上最短の3年でチーフになりました。

人からも褒められ、自分でも努力が認められて自信がつきました。もっともっとがんばって、いい結果を出そうと思い、過去の私はさらに走りつづけました。

顧客獲得数は1位となり、お客様からは「あなたのところで買いたいの」という嬉しい言葉をいただける毎日でした。

1人で結果を出すことにこだわり、部下にも自分と同じように励むことを求めました。自分がこんなにがんばっているのに、部下が簡単に「できません」「わかりません」と言うのを、歯がゆく感じていました。

仕事の評価は高まっていきましたが、部下や周囲の人からは「可愛げがない」「あなたは1人で大丈夫だから」と言われるようになり、バッグが大きくなるにつれて、孤独感を抱えるようになっていきました。


そんなある時、上司と、お客様宅へ訪問することになりました。

せっかちで歩くスピードが速い上司に、私は緊張しながら小走りでついていきました。

電車に乗るため、いざ改札を通ろうとしたとき、大きなバッグに詰め込んだ荷物の中にパスケースが見当たりません。無造作に投げ入れたのは覚えていました。

バッグの中を手でかき回しながら、電車に乗り遅れるかもしれないと、イライラした上司を見ながら冷や汗が出ました。

焦れば焦るほど見つからず、結局、1時間に2本しかない電車に乗り遅れてしまったのです。

ホームではお互い口数が少なくなり、上司も私もずっと量販店の看板を眺めていました。

これがもし小さいバッグだったら、人を待たせることもなかったし、自分が焦ることもなかったでしょう。その時、「こんなにたくさん持って歩く必要があるのかな？」とふと思ったのが、この本を書くきっかけになりました。

## 持ちすぎる不幸

私は当時、衝動買いで仕事のストレスを発散し、毎シーズン、大量のお金をファッションにつぎ込んでいました。ものがほしいのではなくて、「買った」という達成感を味わいたくて、次から次へと買っていたのです。

なので、クローゼットも洋服でパンパン。

特に靴が大好きで、下駄箱に入りきらない靴は狭い玄関を埋め尽くすようになりました。

クローゼットも下駄箱もスペースは決まっているのに、それ以上のものを持とうとしていたのです。でも、そんなことはおかまいなし。

当然、いざというとき着たい服はなかなか見つからず、奥の方から引っ張り出して着ようとしても、ハンガーからずり落ちていてシワシワ。靴は手入れができていないので、履いてみると雨ジミが残ったまま。

高い値段のものを手に入れても、きちんと手入れをして大事にするという姿勢がなく、決して豊かには見えませんでした。

パスケースが見つからずに電車を逃してしまったのは、こんな生活の積み重ねの結果だったのです。

## お気に入りの椅子と数冊の本だけで暮らしたい

そんなとき、あるお客様の言葉が、私に新しい「ものとの付き合い方」を教えてくれたのです。

「もし20平米で月々10万円の家賃なら、1平米あたりの床は5千円でしょう。毎月5千円も払っている床に、これを置く価値があるかを考えてごらんなさい」。

あわてて家に帰った私は、必要になるかもしれないからと買ったけれど使わなかったものや、安いから買っておこうと衝動買いしたもので部屋がいっぱいになっていることに気がつきました。

日常生活ではほとんど手も触れないもので、私の部屋はあふれかえっていたのでした。

お客様からいただいた言葉のおかげで、私は引っ越しを機にたくさんのものを手放しました。

思い出が詰まった大切な品だけを残して、持っているのを忘れていたとか、1年以内に使わなかったもの、気に入ったけれどサイズが合わなかった服などは、思い切ってリサイクルへ出しました。

最初はあとから後悔しないかな？　と心配していましたが、杞憂でした。

クローゼットには余裕があり、自分が何を持っているのか一目で把握できます。服が少ないと、このコートにはこの鞄が合う、このスカーフがいい、など一つひとつの品物の特性をきちんと覚えておけるので、朝に着る服が決まらなくて何度も着替えるなんてこともなくなります。

自分の気に入ったもの、大切なものだけをしまっておけるので、丁寧に手入れをしようという気持ちも起きてきます。

新しく家具を買うときも、この言葉が自分の判断軸になりました。1万円も払っている床に、気に入らないランプを置くくらいなら、何も置かず空間を楽しむ方が心地よい、と感じるようになりました。家具は最低限でいいのです。

物を置かない、空間がある部屋は広く感じ、ゆとりを生み出します。

こんなふうに身の回りが自分の選び抜いたものだけで囲まれるようになると、さて、ゆとりのある空間で、何をしようかとワクワクし始めました。

自分にとって何をしているときが1番幸せかを考えてみると、座り心地の良い椅子に長時間座り、好きな本を読むひとときでした。

そこで、空いていた窓際の一角に、椅子と数冊の本だけのコーナーを作ってみました。

人によって心地よいスペースは様々だと思いますが、私にとってはこのシンプルな場所が何よりも心地よく、この一角だけの持ち物で、いつでも移動できたら自由だな、快適だなと思えたのです。

本当に必要なものは、ごくわずかでした。

今の時代、出先で「これがない」と思っても、たいていのものはコンビニエンスストアなどで手に入ります。

もちろん仕事のときは小さなバッグでは資料などが入りきらないので、今でも大きなバッグと小さなバッグを併用していますが、バッグの中でパスケースが見つからず、あたふたすることはもうありません。

いつも必要なものしか持ち歩かないので、何が入っているのかきちんと把握できるからです。

身軽になること、シンプルに暮らすことは、これからの時代に必須の要素といえるでしょう。「これだけでいい」と選択して最小限、必要なものだけで暮らすことは自分自身の気持ちも自由にしてくれます。それは、他者を助ける余裕があることだと思います。

## 小さいバッグは身軽さの証

「甘えることができなくて損ばかりしている」「こんなにがんばっているのに見返りがない」。キャリアカウンセラーを続ける中で、大きなバッグを抱えて必死に働く女性たちのこんな悩みを何回も聞いてきました。

そんなとき、私はいつも「ためしに週1回だけ、小さなバッグを持ってみてください」とアドバイスすることにしています。

たくさんのものを持ち歩いている人は、人の気持ちに敏感で、空気を読み、先回りできます。したがって、自然と準備するものも多くなり、荷物は重くなります。あれも必要、これも持っておかなければと考えるからです。

「できるまで1人でやらないと」「相談せずに自分で決めなくちゃ」「私がしっかりしなくては」。

責任感があり、人から信頼される人ほど、たくさんのものを持とうとします。

けれども、その結果、あまり重要と思えないことに忙殺され、自分の大切にしたいものに手間をかけるための時間すら奪われてしまっていることが多いのです。

「小さいバッグ」＝「有限なあなたの人生」に入るものはごくわずか。

1人ですべてのものを持つことはできません。だからこそ、何を入れるのか慎重に精査する必要があるのです。

小さいバッグを持つためには、持ち歩くものを見直す必要があります。それは、1日の中で何をやるのか考え直すことにつながっています。

そしてそれは、限られた人生の時間の中で何をやりたいのかを見つめ直すこと。優先順位をつけて、有限であるバッグの中身を選んでみると、おのずと自分の価値観が見えてくるはずです。

だから、身軽になって積極性を取り戻すとともに、「自分がいま必要なもの・本当にやりたいことは何か」を見極めるため、小さなバッグを持ってみていただきたいのです。

# ミニマムリッチという考え方

Chapter 1

Way of Life Called
Minimum Rich

Lesson 1

# ひとつのものを大切に使うという姿勢

「貧乏な人とは、無限の欲があり、
いくらあっても満足しない人のことだ」

最近はファストファッション全盛期ということもあり、流行のものが手頃な価格で手に入ります。

そういうものをワンシーズンで使い捨てて、また気分を一新し新しいものを買う。大量生産、大量消費で回っている社会では、作る側も、売る側も、どんどん作ってどんどん買ってもらわなければなりません。

だから、売る側は「新しいものを持っているのはかっこいい」と思ってもらうために、素敵な宣伝文句やディスプレイに工夫をこらします。商品も、次々に安いものが出てきます。

その結果、私たちのクローゼットにはついつい買ってしまった服や靴が積み上がり、たくさんのものを持っているのにいつも「ない、ない」と飢餓感のようなものが付きまといます。いくら買っても幸せな気分になれるのはその時だけで、お金をたくさん使っても満足感が得られません。だから、またわずかばかりの満足感が欲しくて買ってしまう。これが「使い捨て」の悪循環だと思うのです。

私が重度の「お買い物中毒」にかかっていたとき、尊敬する方から、「ルリユールおじさん」という絵本があると教えていただきました。

舞台はパリです。主人公は、大切にしていた植物図鑑がこわれてしまった少女ソフィー。途方に暮れている彼女に、街の人が「ルリユールおじさんのところへ行けば、本を直してくれるよ」と教えてくれます。

ルリユールというのは、「もう一度、繋ぐ」という意味です。

あちこちを探し回って、路地裏のおじさんの店を見つけたソフィー。

ソフィーの前でおじさんは、植物図鑑を修復して生まれ変わらせていきます。

手作業での製本は、60もの工程があるそうです。世界にひとつだけのソフィーの植物図鑑が出来上がっていくと同時に、ゆっくりと、確実に、おじさんとソフィーの間に交流が生まれます。

おじさんの魔法の手によって金箔文字の書かれた表紙の図鑑が完成されるころには、読者は幸せなオーラで包まれます。修復された本は、また新しい命を生きるのです。

「本には、大事な知識や物語や人生や歴史がいっぱい詰まっている。それらを忘れないように、未来に向かって伝えていくのがルリユールの仕事なのだ」と、おじさんは言います。

やがて少女は植物学の研究者になります。この図鑑は、ルリユールおじさんから少女への、かけがえない贈り物。魔法の手をもった一職人が丹精込めて編んでくれた本が、ソフィーの夢の種となるというお話です。

この絵本を読んだとき、「私が本当に欲しいのはこれだったのだ」と思いました。

次から次へとものを買い、雑に使い、捨ててしまう。これでは「足りない、足りない」と感じてしまうのは当たり前なのです。ものと想いを繋ぎ、大切に扱うこと。「お買い物中毒」の過去の自分には、ものを蘇らせる、ルリユールおじさんの魔法の手が必要だったのです。

近頃はものとの関係だけでなく、人間関係や仕事さえも、早い段階でリセット、自らゲームオーバーにする人が多いように感じます。

特に都会では、ものも人も溢れていて、スペアがたくさんあると思ってしまいます。何かを簡単に捨てても、次がたくさん用意されているような錯覚に陥ります。

でも、どんなにたくさん人がいても、出会う人、ご縁があって繋がり続ける人は一握りです。目の前にいる人は、交換可能なモノではなく、かけがえのない大事な人なのです。

人間関係でも、簡単に始めて、簡単に終わるような、サイクルが短いものを繰り返していくと、なかなか人としっかり繋がれないという不安定な感覚が生まれ、いつか、虚しさが押し寄せてきます。

自分にとって大切だと思えるものは、多少嫌なことがあってもリセットせず手元に置き、我慢強く育てていくことで、いつか大きな満足感や充実感を感じることができるはずです。

Point of
This Lesson

愛着の持てるものを持つことは、人の心を温かく動かすガソリンになる。
毎日に充実感をもたらすなら、修復してでも持ちたいものだけを持つこと。

Way of Life Called
Minimum Rich

Lesson 2

# おばあさまから孫へ受け継がれる伝説のバッグ

ものに想いを託して、
愛情のバトンをつなぐ

あなたは、古くなってしまったけれど捨てられない物ってありますか？

高い修理代がかかっても直したい、ずっと持っていたい物です。

そう思うものは、もう物ではなく、あなたの人生のパートナーです。


私がグッチ時代に出会ったバンブーバッグのお話をしたいと思います。

バンブーバッグは、ニューヨークの伝統ある美術館に飾られていたこともある、グッチの代表作ともいえるバッグです。持ち手に竹を使用してあることで、和装にも合う重厚感と伝統美を感じさせる逸品です。


ある日、このバッグをおばあさまから譲り受けたというお嬢様に出会いました。

お嬢様は、立ち方や座り方、挨拶などのマナーを身につけた方で、大学生ながら、いつも堂々と落ち着いて見えました。流行を取り入れながらも基本はコンサバティブな装いでした。

このお嬢様に初めて出会ったのは阪急電車の中でした。神戸という異国情緒漂うエキゾチックな街並に、正統派のコンサバスタイルはよく似合います。

芦屋川から乗車した彼女は、ゆるやかな巻髪をハーフアップにし、明るいベージュの麻混のスーツにゴールドのオープントゥのパンプス。茶色のバンブーバッグを持ち、私の目の前に座りました。

「あ、バンブーバッグだ」と、まずはバッグが目についたのですが、若くてもこのバッグのオーラに負けない凛とした雰囲気に注目したのを覚えています。

バンブーバッグは、一般的には若い女性が普段使いにするバッグではありません。それをさりげなく品よく使いこなせるなんて、すごいと感動したのを覚えています。

特に印象的だったのは美しい座り姿でした。背筋をピンと伸ばし、まるで離着時のキャビンアテンダントのように、少し伏し目がちに座っていました。

その後、このお嬢様とお客様としてお会いするうちに、いくつかのエピソードをお聞きしました。

このバッグはおじいさまが、結婚記念日におばあさまにプレゼントしたものでした。おばあさまが亡くなってから、おじいさまが時々箱から取り出し、手入れするのを見ていたので、箱から出して、自分が使ってあげたかったのだとおっしゃっていました。

「自分もこのバッグのように愛情たっぷりに育ててもらった」と感謝の気持ちを語っていたお嬢様は、バンブーバッグと一緒におじいさまからおばあさまへの愛情をも受け継ぎ、大事に使っていらっしゃったのです。

ものに対しての価値観が変わった瞬間でした。

時間の経過に耐える一流の品は、こんなふうに想いをかたちにして愛情のバトンを渡すことができるのだと気がついたのです。

その時までは、「自分さえ使えればいい」という感覚がありましたが、自分の大切なものを、願わくばだれかに託したい、と考えるようになりました。

新しいものはみずみずしさや新鮮な気持ちを与えてくれますが、一方で10年、20年と使いこんでいる物には、ただならぬ存在感があります。

長い間大事に使われてきたものには、まるで人格があるように、何とも言えない味が出てくるのです。

例えば、平安時代から残る寺社の美しい建物に、たくさんの人が魅せられるのはなぜでしょうか？

それは、何千年もの時間の経過に耐える見事な彫刻や機構だけではなく、それらが歴史を纏っているからです。

上質なワインのように、上質なものも大事にされてきた歴史を纏って味わいを増すのです。

私の家のソファも出会ってから、20年以上が経ちました。カッシーナ社のMARALUNGAという1973年に発表された傑作です。販売スタッフ時代に、本を読む時間が何より好きという話をしていたら、「極上のソファで読めば、読書をもっとかけがえないと感じられますよ」と、憧れの白髪のマダムから勧められました。

「机はものを載せるもので、きれいな布をかけてしまえば大差はないけれど、椅子は長い間自分の身体を預けるものだから、いいものを買いなさい」と。

その笑顔に魅せられ、買うことを決めたものの、当時はその値段に躊躇しました。

当時のお給料の3倍でした。

倹約に倹約を重ね、他のお買い物などはすべて我慢して、思い切って買いました。

今ではあの時無理をして買ってよかった、と思っています。修理やメンテナンスを繰り返しながら、長い間、私の生き様を見てきてくれたパートナーです。

コーヒーをこぼしたシミやペンで引っかいた傷も無数にあり、私の背中のカーブに寄り沿うようにへこんだクッションは、過ごしてきた時間を物語っています。

本を片手に泣きながら眠ったことや、このソファで友達と語り合ったことを思い出します。

そんな関係は、本当にわずかなものとしか、築くことはできません。自分の時間や手間をたくさんかける必要があるからです。

だから、たくさんのものを持つ必要はないのです。

自分にとって本当に価値のあるものを、ほんの少しでいいから持ってみませんか。

それこそが、私がおすすめしたい、「ミニマムリッチな人生」なのです。

Point of
This Lesson

**ものとの出会いは人との出会いと同じ。育てていくことで豊かな人生になる。**

Way of Life Called
Minimum Rich

Lesson 3

# 1万円のバッグを10個集めて消費していませんか

衝動買いはコスパが悪い

「買うつもりもなかったのに買ってしまった」という経験は誰にでもあります。私はストレスで衝動買いしたものを、長く使った試しがほとんどありません。その場でカーッと熱くなり、買ったという行為だけで満足してしまいます。だから、1、2回着ただけで、あとはタンスの肥やしになることがほとんど。衝動買いをすると結局、賞味期限が短く、1回着用あたりの値段で考えると、とてもムダな買い物をしていることになってしまうのです。

以前、「1万円ぐらいなら、まあいいか」と1万円のバッグをいくつも買っては、数回使っただけで放置していました。

棚に入りきらなくなったので、10個のバッグをリサイクルに出すことに決め、順番に廊下に並べていきました。そのとき、「憧れのバッグを10万円出して買っていたら、今も大切にしながら、手元にあるはずなのに」と、虚しい気持ちになりました。

賞味期限の長いもの、長く愛しつづけたいものは、簡単には手に入らないかもしれません。けれど、そんな愛すべきものを手に入れることができれば、修復して手入れをしながら、長くお付き合いしていくことができます。

妥協して本心からは満足いかないものを手に入れても、長い目で見れば、10万円を消費するだけで終わってしまいます。ものを使い捨てることが習慣になってしまうと、お金もどんどん消費させられてしまうことになるのです。

すると、本当に一緒に歩んでほしいと思えるものと出会ったとき、手元に消費してしまった10万円は残っておらず、結局手に入れることができないことになりかねません。

Point of This Lesson

「あってもなくてもいいもの」は買わない。
何かを我慢してでも手に入れたいものだけが、人生を豊かにしてくれる。

Way of Life Called
Minimum Rich

Lesson 4

# 買い物に出かけるときはフルメイクで

## 無駄遣いを避けるバーゲン参戦法

お買い物は、とても楽しい気晴らしですよね。かつての私のように、ストレス解消としてものを買う快感から離れられない方も多いはず。

でも、実はショッピングにはものすごい決断力が必要です。自分のワードローブと突き合わせ、日常のどんなシーンで使えるか、価格と品質は見合っているか、似合うかどうかなど、瞬時に多くのことを判断しなくてはならないからです。

買い物に出かけるときは休日のことが多いので、ノーメイクにラフな格好で出かけることが多いと思います。けれども、ノーメイクでスーツを試着したとき、「似合っているのか、似合っていないのか、わからない」と感じたことはありませんか？

そもそも仕事着はノーメイクでは着ないので、家にいるようなラフなモードでスーツを着てもピンとこないのです。また、お目当てのアイテムを組み合わせる手持ちの服を着ていかないと、自分の服装に合っているか、いないかの判断ができないこともあります。

ですから、ノーメイクで着るようなリラックスウェアなどを選ぶとき以外は、メイクをして髪を整え、買い物に出かけることをおすすめします。

きちんとした格好をすることで、スタッフへ本気度が伝わりますし、何より自分の気持ちにスイッチが入ります。スーツなどの値の張る買い物は真剣勝負なので、頭をフルに働かせることができる精神状態が望ましいのです。

身だしなみをしっかり整え、なるべく疲れていない午前中に行った方がよいでしょう。特にバーゲンセールのときなどは、頭がフル回転していないと、しばしば痛手を負わされてしまいます。

バーゲンで後悔した買い物をしてしまった経験がある方は多いでしょう。私も過去には何度も「安くなっているから」という理由だけで使わないものを買って、高い授業料を払ってきました。

一方で、私の友人は尊敬するおしゃれの達人なのですが、彼女はバーゲンでは買い物をしませんでした。本当に欲しいもの以外は買わないのです。

本当に欲しい人気の商品、人気のサイズは、バーゲンセールまで残っていないことがほとんどです。それに、「お買い得だから手に入れよう」という気になるものは、「あってもいい」かもしれませんが、本当は「なくてもいいもの」だからです。

「良くも悪くもないもの」をわざわざ買って、家に置いておき、貴重なスペースを割く必要はありません。

また、バーゲンは売る方も買う方も初日が勝負なので、その日に行けなかった場合は見送りが賢い方法。

2日目以降は商品も少なく、目玉商品は売り切れ状態です。でもせっかく来たからと、そんなに欲しくなくても、何か探し出してでも買いたいようなテンションになってしまいます。

セールで買うべきものを3種類あげておきましょう。

①前から欲しいと狙っていたもの
②高いからという理由だけで手が出なかったもの
③ストッキング、下着などの消耗品

一方バーゲンで買ってはいけないものは、

①シーズンが変わらないと着ないもの
…夏に買う冬物、冬に買う夏物は要注意。来年は流行も気分も変わっています。
②福袋
…近年は、中身がわかっている福袋が多いですが、「なくてもいいもの」が大半です。
③サイズの合わないもの
…デザインが気に入った、安いからと、無理に買ってもやっぱり着ないんですよね。

「本当に欲しいものだけを手に入れる」という習慣を身に付ければ、自分の好みもはっきりしてきますし、何より大切なものを見極め、愛情をかける余裕ができます。ものはいったん手に入れると愛着も湧き、管理のコストとスペースをとられます。それだけのエネルギーをかけるに値するものかどうか、買う前に判断する目を磨きましょう。

Point of This Lesson

バーゲンでは、①前から欲しいと狙っていたもの　②高いからという理由だけで手が出なかったもの　③ストッキング、下着などの消耗品　だけを買う。

Way of Life Called
Minimum Rich

Lesson 5

# 一流店での「試着」を勧める訳

安くていいものを選ぶには、
まず一流品を着てみること

「着るだけ、着てみてください」。

バッグを目当てにいらっしゃったお客様にも、私は、グッチの洋服の試着を勧めていました。パッと見では「なぜ何の変哲もないシャツが、こんな値段なの？」と思うのも当然ですが、高価な洋服には、高価なだけの理由があります。

本当に上質なものに袖を通してみると、服が身体に吸い付いてくるような感覚を覚えます。それは、質のいい洋服には、身体にフィットする立体裁断の技術がぎっしり詰め込まれているからなのです。

こればかりは、実際に着て、体験してみないとわからないことです。

そして、1回だけでもいいものを着て、服が身体についてきて、サポートしてくれる感覚を覚えておけば、もっと安価なものを選ぶときの基準になります。

グッチで働き始めて、初めて制服を着たとき、いつもに比べてグッとスタイルが良く見えることに驚きました。よく観察してみると、ジャケットのウエスト位置が、ちょっと高めなのです。また、パンツも膝の位置が高くなるよう計算されていて、脚が細く、長く見えるシルエットになっていました。

制服というかたちで袖を通して、はじめて質のいい服の機能を知ることができたのです。

それ以降は、このパンツの形やシルエットが記憶に残っているので、ファストファッションで買い物するときも、同じようなシルエットのものを選ぶことができるようになりました。一流のもののシルエットや着心地がわかれば、質の良いものを選ぶポイントが見えてきます。

ジャケットを選ぶときは、少々アームホール（袖と身頃のつなぎ目、袖を通すところ）がきついくらいのサイズを選びます。

その方が、脇のフィット感が高まり、上半身がすっきり見えるからです。

脇のラインが美しいと、2キロくらいのお腹（ウエスト部分）の脂肪を隠してくれるほど痩せて見えます。

フィッティングしたときは、まず肩が合っているかをチェックし、鏡で横からも後ろからも見てみます。

自分では普段見えない後姿は、お店で徹底的にチェックしたほうがよいでしょう。ポイントは、皺が寄っていないか？　ゆとりがありすぎないか？　ボトムとの丈のバランスはよいか？　です。

重要な部分さえおさえて、判断に慣れてくると、「買う」「買わない」の決断には1分もかからないようになってきます。

買い物に熟練している人は、「その値段には見えない」と他の人が思うものを探すことがとても上手です。それは、一流店で一流の服の着心地、素材感、シルエット、縫製の良さを知っているからではないかと思うのです。

Point of
This Lesson

一流のものは見て着て覚えるのが一番。
日曜日はおしゃれして、一流メゾンへ試着に行ってみましょう。

Way of Life Called
Minimum Rich

Lesson 6

# 1番高いものと1番安いものを経験する

「一流の基準」をインプットする

私は昔からお寿司が大好きで、週に何度も近所にある回転寿司店に通っていたことがありました。多く見積もっても2千円もあればお腹いっぱいになる幸せな時間です。

でも、そのお話をお客様にしていたとき、

「そんなに好きなら、たまには、銀座に2万円の江戸前寿司を食べに行けば？」と言われました。その時は、「いやいや、そんな高いところに行かなくても今のままで十分」と思いましたが、お客様の話を聞いていくうちに、徐々に「それなら一度、行ってみようか」という気になってきたのです。

お客様は、「そのジャンルで1番高いものと、1番安いものを経験することが大事」だとおっしゃっていました。

いつも自分にとってちょうど良い価格帯の店にばかり行くと、当然ながらそのお店が自分のスタンダードになり、他を知ることができません。

けれども1番上と1番下がわかれば、おのずと真ん中はわかります。上から下までの幅を知ることができるので、より確実に自分が求めているものを選ぶことができるようになるのです。

例えば、今日は久しぶりに会う親戚においしいものを食べさせてあげたいから、少し高級な江戸前寿司に行こうとか、今日は節約もしたいし、サクッと軽くお腹に入れたいだけだから、1番安い回転寿司へ行こうなどです。

1番上のものは少し無理をして自腹を切って、1番下のものは「価格が安い分、何がそぎ落とされているのかな」と興味を持って調査しに、出かけてみましょう。

私は、お客様に「江戸前寿司に行きなよ」と言われなければ、奮発してもせいぜい回らない5千円のお寿司屋さんにしか行かなかったと思います。なんでいつもの10倍もの値段が、お寿司につくのか理解できなかったからです。

でも、年齢を重ねてわかってきたのは、やはりこの2万円のお寿司には、値段に見合った価値があるのです。

たまの贅沢に回らない5千円のお寿司を食べに行っても、2千円とそれほど大差はありません。でも、さすがに2万円のお寿司を食べにいくと、それは大きな違いがあるものです。

まず、隣に座る客層がまったく違います。オーダーの仕方、食べるタイミング、店主との会話など、こなれて洗練されている方がたくさんいます。

ただ流れてくるお寿司をとって黙って食べるのとは違い、旬のものや、こだわりのものを店主のおすすめで食べたり、自分の好みや気分に合わせて握ってもらったりと、たかが食事といえども、こだわりを持っている方を間近で見て、学ぶことができるのです。

服装や持っているものひとつとっても、客層が違えばまったく異なっているでしょう。

値段以上に、多くのことを吸収できると思います。

また、一流の店は、雰囲気やマナー、サービスやホスピタリティ、プロとしての技が光っています。ひと手間かけた仕事の繊細さ、素材の舌触りや触感、後味。

値段設定が高いお店というのは、ただお客のお腹をいっぱいにするためだけでなく、お店の雰囲気やサービスも含め、食事の時間を最高に楽しんでもらうための工夫があちこちに凝らされています。

毎回そういうお店に行く必要はまったくありませんが、5千円のお寿司を4回食べにいくのなら、3回我慢をして、2万円のお寿司を1回食べた方が、経験の振り幅が大きくなります。

「一流の基準」をインプットしておき、選択上手になりましょう。

Point of
This Lesson

選択眼を磨くには、一流と並を経験する。

Way of Life Called
Minimum Rich

Lesson 7

# 女の買い物は割り算、男の買い物は掛け算

ものを買う前に
使う「回数」と「シーン」を想像する

あなたは買い物をするとき、何を重視しますか？

「お得感があること」「長く使えること」「ワクワクすること、ときめくこと」など、買うと決めるときのポイントは様々です。

販売員をしていたとき、お客様と6万円の靴を「欲しい」「可愛い」と盛り上がっても、最後の最後、「やっぱり高いわね」とトーンダウンすることがありました。

そんなときは、こんな割り算トークをしていました。

「週に3回履くとして、1ヶ月では12回で5千円、1年間履けば、1回あたり約4百円です」。

すると、「なるほど、そうやって考えればいいのね」と納得していただけることが多かったのです。

どんなに素敵な靴でも、1年に1回しか履かないのなら購入しないほうが賢明です。

けれども週に3回も履くものであれば、思い切って最初に投資していいものを手に入れたほうが、結局は長持ちで履きやすく、コストパフォーマンスは上がります。

また経験上、男性のお客様の場合、「掛け算トーク」の方が、多少予算オーバーでも買っていかれる方が多い気がします。

たとえば、6万円の靴を買うとき、「通勤でも履けますし、お子様とのお出かけでも履けます」と、靴が登場するシーンをいくつも具体的に伝えます。
また、「このクオリティは部下からは一目置かれますし、お子様からは若々しく感じられる色とデザインです」と、「尊敬されたい」「若々しく見られたい」などという心理的欲求が満たされる効果を掛け算していきます。

この「掛け算テクニック」は、自分で買い物をするときにも参考になります。自分がいいなと思ったものが、「人からどういうイメージを持って見られるか」という客観的な視点と

「どんなシーンで使えるのか」という具体的な場面をイメージしてみるのです。

もしそのアイテムにいくつもの相乗効果があることに気づいたら、消費ではなく投資するような目的での購入もありです。シーンがひとつしか思い浮かばず、人に与えたいセルフイメージとかけ離れているアイテムなら、いくら好みのものでもご縁がなかったと思った方が賢明でしょう。

ものを買う前には、

「これは買ったとして今シーズン何回身につけるか？」

「どんなシーンで使えるか？」

「人にはどんな印象を与えるか？」

の3点をチェックして、合格したものだけをワードローブに加えましょう。

Point of
This Lesson

コスパはシーズンに何回使うか・どんなシーンで使えるかで判断する。

Way of Life Called
Minimum Rich

Lesson 8

# 私がタートルネックを着ない訳

## 自分に本当に似合うものを見極める

「あれ？　似合わない」。

今まで着ていた服が似合わないと感じ始めたのは、35歳になったばかりの頃でした。

ロゴ入りのTシャツや、ダメージデニムを履いても、20代のときのような清潔感のあるカジュアルスタイルにはならないのです。

チープな綿素材のフリルがついたブラウスは安っぽく、何だか老けてみえる気がしました。

それをきっかけに、本当に似合うものを選びたい、そろそろ大人の女性としての品格を身につけたいと思うようになりました。


「35歳からは強みを徹底的に磨きなさい」と、ある会社の女性社長がおっしゃいました。

「強みをピカピカに磨いたら、弱みなんて見えなくなる」と。

20代まではまだまだ未熟で、がむしゃらに働く期間です。何が得意で何か得意でないかわからないし、たとえ苦手と思っていることでも、とにかくやってみることで意外とできる、という発見もあります。

けれども、35歳を越えたら、一通りのことをやってみて、自分の強み・弱みはほぼ把握できているはずです。ですからここからは、自分の強みの中でもっと深く、「徹底的に磨くところ」と、「今の8割の出来でよし」とするところを見極めていきます。

これは外見も同じだと思います。20代では多少無理がある服でも着こなせてしまいますし、いろんなテイストを試してみたい時期でしょう。どうしてもたくさんのアイテムがほしくて、ものが増えてしまうと思います。

けれども35歳を過ぎると、どんなものが自分に似合い、またどんなアイテムやテイストが苦手か、把握できてくる頃です。その段階に入ったら、長所を際立たせるものを積極的に選んでいきましょう。

短所を隠すより、長所を強調して目立たせるほうが素敵に見えるのです。

例えば、私はタートルネックセーターを着ませんでした。

鎖骨を出す方が痩せて見えるし、小顔効果があるのは、詰まった襟よりも大きく開いたラウンドやVラインです。

また、背が高くないので、ボリュームのあるワイドパンツは、うまく着こなせず、選ばなくなりました。

このように、着るアイテムより、着ないアイテムを決めた方が、物選びが簡単になることがあります。

どんなに流行のアイテムでも、似合わないものは着ないと決めます。

自分のことをよく知っている人は「スタイル」を感じさせます。

このブレないスタイルを持っていることが、35歳からの「プチ品格」につながります。

Point of
This Lesson

人からほめられたときの服装を分析してみましょう。
色、シルエットなどの「自分ルール」ができてきます。

Way of Life Called
Minimum Rich

Lesson 9

# 黒ばかり選ぶと ハードルは高くなる

シンプルな装いは
意外と難しい

黒はフォーマルなシーンに使われるくらい格式のある色です。

ココ・シャネルや向田邦子さんの、黒ずくめのモダンな装いは永遠の憧れですよね。

黒はとてもシックでシャープな演出をしてくれる、頼りがいのある色です。


けれどもその一方で、「たまには、黒から脱出したい」というお客様の声を、よく聞きました。セーターやバッグなど、どんなアイテムでも基本の黒は店頭に並んでいます。ワードローブを黒でそろえると、何を着るか考える余裕がないような忙しいときでも統一感が出て、何より楽なのです。


そのせいか、いつも黒ばかりを選んでしまう人は多いと思います。

その背景には、2014年くらいから流行している「ノームコア」という黒や白、グレーなど、モノトーンでまとめるファッションが注目されていたこともあります。

これは「ノーマル（標準）＋コア（ハードコア）＝究極の普通」の服装という意味で、無地の

Tシャツにジーンズなど、きわめてシンプルなアイテムを着こなすニューヨークスタイルです。

いいものをシンプルに着こなすセレブから火がついたと言われています。

自分の個性が際立っていれば、この「ノームコア」は究極のおしゃれになります。

ハリウッドスターや有名な文化人など、強烈な個性がある人が着こなすと本当にかっこよく見えるのですが、私たちのような一般人にとっては、着こなしに工夫が必要なファッションです。

シンプルなものほど、素材やカッティングなどのクオリティがはっきり出てしまうのも、ハードルを上げてしまう原因です。

アップルの創業者であるスティーブ・ジョブズのように、黒のタートルニットとデニムしか着ないなど、アイテムを決めていた成功者は数多くいます（でも、このニットは、イッセイミヤケのオーダーメイド。それも、当時の技術スタッフ総出で、あらゆる身体の部分を採寸し、少しの妥協も許さないスペシャルオーダーだったそうですが……）。

他に決断しなければならないことが山程ある人は、何を着るかとか、何を食べるかとか、日々の小さな選択をするエネルギーが無駄だという考え方なのです。

とてもストイックだと思います。

ジョブズほどとは行かないまでも、ある程度服装のパターンを持っておくことは、時間のない働く女性にとって必須ともいえます。「形」を決め「形」から入ることで気持ちも整うからです。

ファッションをはじめとして、物事の「形」には、人の気持ちを左右するパワーがあります。例えば、茶道はまず洗練された型を身に付けることからはじめ、徐々に自然と一体化する哲学を身に沁みこませていきます。

また、「襟を正す」と言う言葉が文字通り「気持ちを引き締めて臨む」という意味を持つように、きちんと磨かれた靴と糊のきいたシャツとスーツでプレゼンに臨んだときは、出来栄えは2割増しに感じられます。

黒はシャープでかっこいい色ですが、喪の色でもあり、とても重いイメージも持っています。

信念や意志、自信や孤独を表す黒は、使いすぎると心理的な圧迫感にもなりうるのです。

重い気分のときはあえて、華やかな色合いのおしゃれ着に袖を通してみませんか？

春にはパステルカラー、夏にはマリンカラー、秋にはアースカラー、冬にはビビットカラーなど、季節の色も楽しみ、彩り豊かに華やいで暮らすことで、毎日に輝きが増していきます。

冬には暗い色合いの服が多くなりがちですが、明るい色のスカーフやストールを首元に持ってくるだけで、表情が明るく見えます。

クローゼットを開けてみて、もし暗い色合いの服が多かったら、スカーフやバッグ、アクセサリーなど小物から華やかな色合いをプラスしてみます。気持ちも軽く、明るく塗り替えてくれるはずです。

Point of This Lesson

華やかな色は気持ちまで明るくしてくれる。
落ち込んだときこそ、きれいな色を纏って気分を上げてみましょう。

Way of Life Called
Minimum Rich

Lesson 10

# 定番とトレンドの賢い使い分け

定番は信頼、
トレンドはみずみずしさを演出してくれる

この10年で延べ千人以上の新入社員の方にお会いしてきました。
愛される新人の特徴は、変わりません。「礼儀正しさ」「素直さ」「清潔感」です。
いつの時代も変わらない、定番ともいえる特徴ではないでしょうか。

バッグの定番も、長く多くの方から愛され続けているものは、次の3つの特徴を兼ね揃えています。

店員さんに「これは、定番です」と言われたら、そのバッグは、安心、信頼、堅実を演出してくれると思ってよいでしょう。

定番のバッグやスーツ、コートは、大事な商談や、目上の方や初対面で会う場面などで活躍してくれます。それを選んだあなたには、信頼や安心を感じていただけるのです。

また、定番とは正反対の位置にあるような、今年流行のトレンドアイテムは、最先端の情報をキャッチしている感性と、みずみずしい印象を相手に与えます。

ある時、TVドラマでキャリアウーマンの主人公が持っていたレアなバッグで青山通りを歩いていたら、1時間に3回以上、通りすがりの女性からチラ見されたことがありました。

普段よりも周りの視線が熱っぽいのです。

おしゃれな街では、感度の高いアンテナを持っている女性が多く歩いていますので、トレンドバッグを持っているだけで注目されます。恥ずかしいような気もしますが、「見られている」と思うと「もっときれいにしよう」という前向きな気持ちも芽生えてくるものです。

こういう羨望の眼差しを利用して、どんどん自分を磨くのもトレンドアイテムの良さ。トレンドアイテムは、「あの人はみんなとちょっと違う」と思われるような場所まで、自分を押し上げてくれるパワーがあるのです。そのパワーを利用しない手はありません。

仕事でミスが続き自信喪失してしまったときは、思い切って今注目の旬のアイテムを取り入れて、気分転換してみるのはどうでしょうか？

ただ、トレンドは定番と違いサイクルが早いので、長くても2年程度で手放す思い切りが必要です。トレンドアイテムを探すなら、ファストファッションがおすすめです。旬のものがたくさん並んでいて、楽しい気分にしてくれます。

ファストファッションは価格を抑えている分、多少縫製が荒かったりボタンがチープだったりと残念に見えることもあるので、買うアイテムをある程度限定した方がよいでしょう。

Tシャツやニットなどのインナーや、そのシーズン限定のサンダル、パーティバッグ、帽子などの旬の小物類と、デニムはおすすめです。

今、何が旬なのかは、「ロンハーマン」など、人気のセレクトショップをのぞいて見てみるとわかります。

今季の旬がメインにディスプレイされています。洋服は年々シンプルな傾向が強くなっているので、旬を取り入れるなら、小物がおすすめです。

Point of
This Lesson

定番にマンネリを感じたら流行を取り入れてみる。
旬の食材が体にいいように、旬のアイテムは気持ちを引き上げてくれる。

Way of Life Called
Minimum Rich

Lesson 11

# いつも同じものを着ているように見えるのがおしゃれ

洗練とは自分だけの
スタイルを持っていること

今年は何が流行るのかな？　とファッション雑誌を買い込み、ショッピングに明け暮れた10代、20代。でも、30代になるとあまり流行を追わなくなりました。いくら流行っていても、自分には「似合わないな」とわかってきたからです。

それがわかるまでに、何度も洋服選びに失敗し、ずいぶん遠回りをし、高い授業料を払ってきました。

リアルな店舗で買い物するときは、「この人、素敵だな」と思う、自分より年上のベテラン販売スタッフにアドバイスをもらうことをおすすめします。自分に似合うもの、似合わないものを客観的に見てくれます。

最近はインターネットでの買い物が主流になりましたが、実物を見ないで買ってしまうのは失敗も多いです。「サイズが合わない」「思っていた色と違う」など、後悔した経験はあるのではないでしょうか。

返品・返金の手配などに比べれば、本物のプロの販売スタッフを味方につけて、客観的なアドバイスをもらってからインターネットで買うのが、実は1番の早道です。

そして、意外かもしれませんが、同じアイテムを繰り返し着ることは、洗練されている印だということです。

私は20代くらいまで、「いつも同じものを着ていると思われたくない」と思って、たくさんの洋服を買い集めてきました。でも、それはファッションの迷子になっていたのです。

何人ものおしゃれなお客様を担当してきましたが、毎年、同じ定番アイテムを買い替えます。

あるお客様はカシミヤの黒のVネックセーターでした。

「このVゾーンのカッティング、開き具合が絶妙。サイズも着心地もこれ以上のものはない」とおっしゃって、1年間ヘビーローテーションで着て、毎年買い替えていらっしゃいました。カシミヤ100パーセントは毛玉が出来てしまうので、気に入った定番アイテムは、毎年新品で着るのです。ここにピンポイントで投資し、とことん着倒していたのです。

実は、シンプルなアイテムほどカッティングや素材の良し悪しが一目でわかるので、おしゃれに差が出ます。

販売スタッフ時代は、トレンチコートと言えば背の高いロングヘアの○○さん、白いシャツといえば丸顔でショートカットの○○さんと、私達の間では定番アイテムがアイコンとなっていたお客様がいらっしゃいました。

素敵なお客様は、自分が他者にどう見えているのかを観察できる客観的な第3の目を持っていて、自分の長所を活かす着こなしの工夫や研究をしていらっしゃったのです。自分に似合う定番の形を持つことは、流行に振り回されない自分のスタイルを持つことです。

自分のなりたいイメージがはっきりするアイテムを探すことは、自分の良さを見つめ直すことでもあります。ぜひあなたも「自分だけの定番アイテム」を探してみてくださいね。

Point of
This Lesson

洗練とは、自分の定番スタイルまでアイテムを絞り込める力。

Way of Life Called
Minimum Rich

Lesson 12

# レストランで
# アラカルトを
# 頼める選択力

自分の好みを見極めること

レストランに行ったとき、あなたはセットメニュー派ですか？　それともアラカルトや単品で選ぶでしょうか？

セットメニューはお得だったり、何も考えなくてよかったり、何かと便利です。

アラカルトや単品をオーダーするのは、その料理の味や特性を知っていないと選べないですし、組み合わせの仕方も料理の知識がないとできません。洗練されたチョイスはなかなか難しいものです。

あるとき、先輩達にオールカスタマイズの高級レストランに連れていってもらいました。ワゴンで本日おすすめの食材が運ばれてくるスタイルで、その食材を見て、どの食材でどんな調理法でいただくかは自分で決めることができます。

私は全くメニューが思いつかず、先輩達の顔と食材を、ただ交互に眺めるしかありませんでした。

先輩達は、「ポークカツレツにしてチーズとハムを挟んでくださ い」とか、「牡蠣は、グラタンでお願いします」とか、お店の方の意見も聞きながら、次々とオーダーしていきます。

私は、「同じで、お願いします」としか言えませんでした。

結局、あまり好みではないものに、高額な支払いをすることになりました。

それは、「自分の食べたいものくらい、自分でカスタマイズが出来るようになりたい」と思った経験でした。

セットメニューはあらかじめ決まっているものですから、細かいことまで決定しなくていい分、楽が出来ます。でも、楽ばかりしていると自分で選ぶ力が弱くなってしまうのではないでしょうか。いつものパターンに安易に身を任せていると、自分が何を食べたいのか、どういうふうに調理したらいいのかも、わからなくなってしまうのです。

例えば、普段からチーズを食べない人は、チーズ専門店でどれを買ったらいいのかわからず、「どれがおすすめですか？」「どれが売れていますか？」と聞いて買うしかありません。知らないものは、自分で選べないからです。

「おすすめだから」「売れているから」との情報を信じて、失敗した経験はたくさんあります。

けれども、自分のことがわかっていると、そういったたくさんの情報は要らなくなります。

カスタマイズが出来る人は、自分のことをよく知っている人です。人の意見に振り回されず、「私はこれにします」とはっきり決めることができます。

そのためには、さまざまなものを見て、体験し、自分にとって何が大切か、何が好きなのか、研究する手間を惜しまない努力が必要です。

オールカスタマイズレストランへ連れて行ってくれた先輩達は、いつも好奇心旺盛で、会うたびに何か新しいことに挑戦した話をしてくれる、刺激的な方々でした。
自分で選ぶことができる人は、情報も経験も両方手に入れるために、常に行動しているのだなと思った瞬間でした。

Point of
This Lesson

決断できる人になるためには、普段から好奇心を持って学ぼう。

Column

# 1 スーツ探しはアウトレットへ

私の「元ブランドショップ店長」という経歴からだと思いますが、キャリアカウンセリングのときも「仕事で何を着るか」「何を基準に選べばいいか」というご相談を多くお受けします。

ここでは、ビジネスシーンに必須なスーツについて軽く触れたいと思います。

ジャケットを着ていると、どうも肩が凝ったり、疲れるという方は多いのではないでしょうか。

「きちんとする」ということは、多少「窮屈なこと」でもありますから、ずっときちんとした服装でいると、肩が凝り固まってしまいます。

上手にこの疲れを避けるために、アウトレットで選んだプラダのジャージ素材のスーツは重宝しました。仕立ても良く布地も厚く、きちんと感もあり、手放せなくなりました。

ジャージ素材のスーツはよりカジュアル感が強いので、重要なお客様をお迎えするようなあらたまったシーンには不向きですが、ハイブランドのジャージ素材はきちんと感も演出してくれました。ジャージ素材の他には、ストレッチ素材だと、動きもスムーズになるので着ていて楽です。

ストレッチ素材かどうかを確かめるには、服の裏側についている品質表示タグを見てください。「ポリウレタン」と表示されているものが大半です。

ただ、このポリウレタンはゴムのような劣化しやすいものなので、着用頻度にもよりますが、残念ながら3年ぐらいしか着られないことも多いのです。

私は、買い替えの際には、アウトレットモールに出かけ、型落ち（前シーズン）のベーシックなスーツを買って着ています。毎日着るものなので、値段と着心地重視で選びます。

アウトレットは、ブランドショップでも「アウトレット別注」という、アウトレットのためだけに作られた別注品があります。

大勢の方に合うように、ベーシックなデザインのものが多いのです。

同じブランドでも半額以下なので、この別注品のスーツを狙って買いに出かけます。ぜひ、探してみてください。

Column

## 2 走れる靴はZARAで買う

私は講演やディナーのときに履く靴とは別に、持ち歩く靴をダッシュ靴と呼んでいます。

階段をダッシュで駆け降り、ダッシュで移動するスケジュールのときに持ち歩くからです。足の疲れは、疲労の大きな原因のひとつです。

履く靴が違うだけで、1日の疲れが違いますので、靴は重要です。

地震の際、自宅まで長時間歩いた経験から、スニーカーで通勤し、オフィスにはフォーマル用のパンプスなどを置いている方も多いでしょう。

スニーカーブームですが、私には脱いだり履いたりしやすいバレエシューズが持ち歩くにも便利です。バレエシューズと言えば「レペット」「トリーバーチ」などが有名ですが、予算が1万円以下なら「ZARA」がおすすめです。「ZARA」は、可愛いトレンドシューズがたくさんあります。

友人があまりにもオシャレな靴を履いているので、「ジミーチューの靴?」とたずねたら、ZARAでした。

よく見ると、行きつけの美容室のオシャレなスタイリストさんは、皆、ZARAの靴を履いていました。基本的に底はゴムのものが多いので、張り替えはできませんが、ワンシーズンのお付き合いと割り切って、普段は履かない赤やシルバー、トレンド色の高いものを気分転換に買ったりします。

仕事が終わった帰り道、お気に入りのバレエシューズに履き替えるとホッとします。夕食の買い物で重い荷物を持つことも楽だと感じて、フットワークも軽くなります。

夕方の、むくんだ足に優しい、少し余裕のあるサイズを選んだ方が良いでしょう。

素材は雨にも強いビニールコーティングされたものやエナメルだと安心です。(雨が降りそうな朝は、防水スプレーをさっとかけてから出かけます)

またパンプスは、早め早めにヒールのゴム底を取り換えることも、疲れ防止になります。歩き方が原因で左右のヒールの減り方が異なり、高さが違うと疲れの原因になります。靴のメンテナンスをマメに行う、履き替えるスペア靴を持ち歩くなど、ひと手間を惜しまないことが疲れない工夫です。

Chapter 2

# お金をかけるにはポイントがある

## ──厳選アイテム10点

Way of Life Called
Minimum Rich

Lesson 0

# バッグを軽くする方法

## 最初は、何が入っているか把握することから始める

あなたのバッグの中には、何が入っていますか？

バッグをのぞき込む前に、ちょっと思い出してみてください。

財布、スマートフォン、ハンカチ、ティッシュ、化粧ポーチ、パソコン、手帳……など
でしょうか？

思い出したものを、実際の中身と答え合わせをしてみましょう。

思い出せなかったものが、入っていたのではないでしょうか。

大きなバッグにたくさんの荷物を入れていると、かなり整理整とんを意識している人でなければ、たいていは入れっぱなしにして忘れていたものがバラバラと出てくるはずです。

バッグの中には見なくても把握できるものだけで本来は十分なはずですが、入れっぱなしの場合は、なかなか難しいのが現実です。

必要なものだけに絞るために、今よりひと回り小さなバッグに何を入れるか、選択してみましょう。

最初から必要なものを見分けるのは難しいと思うので、簡単にできる4つの方法をお伝えしたいと思います。

## ①家に帰ったら、いったんすべてのものを取り出す習慣をつける

さきほどやっていただいたことを、毎日行う習慣にします。

このとき、街頭でもらったティッシュや、飴の包み紙、処理が終わった書類、レシートなどもすべて取り出してそれぞれに処分します。

毎日、この動作をするようになると、自然とバッグの中身の棚卸しができたり、財布やポーチもコンパクトになり、「今日もこれは使わなかったな」など、いろいろ気づくようになっていきます。つまり、本当に大切なものが徐々に見えてくるようになるのです。

この習慣をつけるだけでも、だいぶバッグが軽くなり、毎日1分足らずの習慣で、じわ

じわと生活に変化が広がっていくのを実感できるはずです。

また、バッグはものを入れっぱなしにしていると型崩れし、痛みが早くなります。

バッグをいたわり、寿命を延ばしてあげる意味でも大切な習慣です。

## ②出かける前に「今日は何をする日？」と考える

その日にやることがはっきりしていると、持つべきものがはっきりします。

つまり、1日のスケジュールを、持ち物の準備をするときにはきちんと把握しておくと段取り上手にもなります。

例えば、旅行のときは、相当いろんなことを想像し、考えて荷物を決まった大きさのトランクに詰めるはずです。現地の天候を調べたり、誰と、何のために、何をする旅なのかを考えたりしながら、最小限の持ち物を選びますよね。

三ツ星レストランでのラグジュアリーな食事を楽しむ目的なら、パンプスやワンピース。アウトドアを楽しむことが目的なら、帽子や日焼け止めを持っていくでしょう。

こんなふうに、「こんな旅にしたい！」という希望に沿った体験ができるよう、そのための最高の準備を整えますよね。こうやって旅の希望を詰め込んだのが、スーツケースの中身なのです。

でも、日常の持ち物となると、あまり考えずに何でも詰め込んで持ち歩いてしまうのは、明日もまた同じ日常で、変わりばえしないしないと思うからでしょうか。

旅の1日も、普段の1日も、同じ重さの大切な時間です。マンネリから脱出するためにも、今日1日を最高に充実させてくれるものだけを選んでみませんか？

そのためには、その日はどこへ誰と行く日か、どんな場面が想定できるか、どんな天候か、想像してみます。情報ならスマートフォンひとつですぐ手に入りますし、5分もかからずにその日のシミュレーションができるはずです。

朝一番、「今日はどんな1日にしたい？」と自分にきいてみる習慣をつけるだけで、「あれもこれも必要かもしれない」と心配する必要がなくなって、前向きな準備ができます。

## ③「ちょっと保留期間」をつくる

入れっぱなしのバッグを大きくしてしまうのは、たいていの場合「もしもの場合に備えて持っておく」アイテムたち。それは例えば、カーディガン、あめなどのお菓子や除菌グッズ、大きなマイボトル、電子機器の充電器、イヤフォン、折りたたみ傘、薬、ヘアアイロン、化粧品類などです。

もちろんなくてはあなたにとって困るアイテムばかりですが、果たしてこれらの「もしもグッズ」は、大きいバッグで行動を制限してまで持ち歩かなくてはならないほど、使用頻度が高いものでしょうか。

実は、そうではないものがほとんどです。

だから、「意外となくても大丈夫なんだな」と思える体験を重ねていくことが、バッグを軽くして未来へのアクセルをためらいなく踏める積極性の第一歩ではないでしょうか。

そのためには「もしもグッズ」たちのための、「ちょっと保留期間」を設けるのをおすすめします。

バッグの中身を使ったものと使わなかったものに分けて、使わなかったものはいったんベンチに下がってもらい、次の1週間を、「ちょっと保留期間」として自宅で待機してもらいます。

こうやって、ほんの少しでも入れっぱなしのものを手放す期間を設けてみると、意外と簡単に、「持っていなくても困らないな」と感じる人が多いのです。

でも、これはあくまでも保留期間です。本当に必要だと思ったら、それはあなたにとって大切なもの。また一軍に復活させてあげてください。この繰り返しで、本当に持つべきものが見えてくると思います。

## ④詰め込まずに「分ける」こと

最近は、バッグの2個持ちをしている方が非常に多いですね。トートバッグとミニバッグや、ショルダーバッグとクラッチバックなどを上手に合わせ、すっきりとバッグもスタイリングしている女性を見かけます。

小さなバッグだけでは入りきらないときは、この「2個持ち」がおすすめです。小さいバッグの方に入れるものは、小さい財布とスマートフォン、リップ、ハンカチ、ティッシュなど、最低限のものだけ。一方、サブバッグの方には、傘やストール、パソコンやノート類など、今日必要なものを入れます。

2個持ちのメリットは、仕事帰りのディナーでサブバッグをロッカーやクロークに預けたり、ものによってはオフィスに置いておき、小さいバッグだけを持って出かけます。

立食の場合にはバッグが小さければ両手が自由に使えて、お皿やグラスを美しく持つことができます。マナーを守れるだけでなく、バッグが小さいので身軽に歩き回って、多くの人と積極的に関わることができます。


着席の場合は、小さいバッグを椅子の背もたれと背中の間に置いておけば、化粧室に立つときもスマートで洗練された立ち振る舞いができます。

実は、こうやって荷物を分けて持っていると、「今日は小さいバッグだけで大丈夫だったな」「身軽だったな」と思う日があることに気づくと思います。すると、小さいバッグだけで、出かけたくなる回数が徐々に増えて行くのです。

荷物を分けることで、何が必要で何が必要でないか、改めて気づくことが多いのです。2個持ちは、一見面倒なようですが、かなり役に立つ手法です。

最後に私のバッグ選びのポイントをお伝えします。

①革の質が良いもの（質の良いものは、あなた自身を上品に見せてくれます）
②内側にいくつかのポケットのあるもの（整理整頓がしやすく、機能的です）
③マチがあり余白が作れるもの（詰め込まず、型崩れを防げます）

## 小さなバッグ＝限りある貴重なあなたの人生の時間

さて、ここまでの作業をやってみた方はもうお分かりかと思いますが、今よりひと回り小さなバッグを持つということは、「必要と思っていたけど、いらなかったもの」に気付くこと。そして、何が必要で何が必要でないかを見極める作業です。

次の項目からは、話をもう少し広げて、バッグ以外のものを選ぶ指針をお伝えしたいと思います。

人生の限りある時間は、小さなバッグのようなもの。何もかも持とうとして、結局は何も持てないということもあります。

ですから、「私の限りある時間をかけて愛したいのは、これだけ」とはっきり決めてしまうことが、確実に、本当に価値あるものと長続きする関係を築く秘訣です。

「ミニマムリッチ」とは、上質なものを少しだけ持ち、手入れや修復を繰り返してものと想いをつなぐこと。そしてそれは、選び抜いた上質なものだからこそ可能なのです。

では次項から、販売スタッフだった私がおすすめしたい、ミニマムリッチな暮らしの軸となる品物たちを10点、ご紹介します。

Point of
This Lesson

**まずは、家に帰ったらバッグから中身を全部取り出してみる。**

Way of Life Called
Minimum Rich

Lesson 1

# 靴について

足元が盤石なら、
人生も盤石

「足元をみられる（こちらの弱点を見すかされる・弱みにつけ込まれる）」とか、「足元をすくわれる（隙をつかれて失敗させられる・出し抜かれる）」ということわざがあります。

これは、何事も「足元が重要だ」という教えではないでしょうか？

仕事でも、日常生活でも、「足元を固める」ことができれば安心です。

同様に、ファッションの基礎や土台も「足元から」だと思っています。

おしゃれな人は、決して靴に手を抜きません。シンプルな装いでも、靴で差がつくことがあります。靴は、全体の印象を左右する、重要なアイテムです。

私の友人の話です。ある朝、寝坊をしてしまいました。今日は大事なプレゼン。昨日から考えていた勝負服のスーツの着こなしは完璧でした。

しかしいざ履こうと決めていた靴のストラップが切れかかっていて、仕方なく、玄関で慌てて別の靴を履き、全体のコーディネイトを姿見で見ずに、急いで出かけてしまいました。

結果、靴だけが合っていない、ちぐはぐなコーディネイトでのスタートになってしまい、プレゼンの出来もいまひとつでした。

汚れた靴、かかとがすり減った手入れのされていない靴、いい加減に選んだ靴は、相手の第一印象だけでなく、自分の気持ちもマイナスにするのです。

こういうことを避けるためには、その日の天候やTPOを意識した靴を先に選び、その靴に合う洋服を選びます。できれば前日までに天気予報とその日の予定をチェックしておいて、靴から先にコーディネイトを考えておくとよいでしょう。靴の状態をチェックして磨いておくと心も整います。

靴に注目してみると、誇り高い人は、良い靴を履いていると思うようになりました。

もしかすると、良い靴が、誇り高い人を選ぶのかもしれません。グッチはバッグが有名ですが、たくさんの素敵な靴もありました。

ある妊娠中のお客様は、「子どもが生まれたら、お揃いのビットモカシンを履いて手を繋いで歩くの」と、嬉しそうにベビー用のファーストシューズを買っていかれました。

ビットモカシンとは、甲の部分に馬具の「くつわ」をモチーフにした金属飾りがついたスリッポンのことで、メンズ、レディース、キッズ用と展開している、幅広い年代から愛されているローファーで、グッチの代表作です。

当時6万円のその靴は、私のファーストグッチで、私に「靴との付き合い方」を教えてくれました。

お給料をはたいてこの靴を手に入れた私は、東急ハンズで靴のお手入れセットと、シューキーパーを買いました。

さらに、靴は毎日履くと傷みが早くなると聞き、2日履いたら1日休ませることを心掛け、よい状態をキープするようにしました。

これだけこの靴に愛着が持てたのは、初めて履いたとき、履き心地の良さとフィット感に感動したからです。

靴ベラを踵部分にあて、足を滑らせるように靴の中に入れると、足の裏全体が地面に着地したように「ジュワッ」と音がするのです。この音が「あなたの足にピッタリとフィットしました」と知らせてくれるのです。

初めて履いてみて、この心地よさ、フィット感が、長く定番として愛されるポイントなのだと気が付きました。心地よいもの、ジャストフィットしているものを、人は手放さないからです。

履きやすい靴とは、土踏まずや足全体をしっかりとホールドしてくれながらも、5本の指は圧迫されず靴の中で自由に動きます。「裸足でいるより、靴を履いた方が歩きやすい」とも言われるほど、軽快な感覚です。

前へと進むのは足からです。履きやすい靴は、行動が加速され未来をつくる原動力になります。

一方で、こういう「定番靴」に加えて、ぜひロマンチックなパンプスも1足だけはシュークローゼットへ入れておくことをおすすめしたいと思います。

「買い物をすると元気になる」という女性は多いですが、様々なアイテムの中でも、女性が靴を買うとき、なぜか他のものを買うときよりも、いわゆる「買い物脳」が満足すると聞きました。

例えばTシャツ、デニム、チノパン、など男性も着るアイテムの買い物よりも、靴、とくにパンプスはより幸福感に貢献するらしいのです。

流行のスニーカーもおしゃれですが、パンプスには、気分を切り替えてくれるパワーがあります。

例えば、10センチのハイヒールも履きこなせる女性がさらりとスニーカーを履いたスタイルと、いつもスニーカーしか履かない女性のスタイル、同じようでも立ち姿に違いがある気がしませんか。

ＴＰＯに合わせて靴も履き替えると、装いにも気分にも幅が出ます。

あるとき、専業主婦のＲ子さんから、「『ひとりの女性』じゃなくて、『お母さん』の役割に染まった自分から脱出したくて、ハイヒールを履いて久しぶりに出かけました」とメールがきました。

「実家の母に子どもを預けて街に出ました。コツコツと鳴るヒールの音を聞いていたら、羽が生えたような気分になりました」と、彼女から送られてきたメールは、開放的で幸せに満ちていました。

「ハイヒールを履くこと」が、ママモードから、自分モードへの意識変化のスイッチになったそうです。

この話を聞いて、あるお客様のヒールの高さに注目したことを思い出しました。

その女性は、仕事で成功をおさめ、輝きを増すにしたがって、ヒールの高い靴をお求めになるようになりました。3センチヒールしか履かなかったお客様が、9センチヒールの靴を選ぶようになっていったのです。自分を高めようとする気持ちと自信が、このヒールに詰まっているような気がしたものでした。

有名な靴のブランドはいくつかありますが、名品と言われるハイヒールのフォルムは芸術品だと捉えられているくらいで、収集家もたくさんいます。

時々、お店にディスプレイされたハイヒールに見とれ、吸い込まれそうになることがあります。そんな芸術品を身に着けることは、それだけの価値が自分にあるのだと感じさせてくれる体験です。

いつもの足元をしっかりサポートしてくれる「定番靴」を何足か、特別な時間を演出してくれるハイヒールを1足、サンダル・ブーツなど季節もの。これらをあわせて7足もあれば、毎日気分にあわせて履き替えて、修復を繰り返しながらかなり長い間お付き合いすることができるでしょう。

まず最初に投資すべきは、歩きやすくあわせやすい定番靴。
足元を固めた人は、優秀な靴の助けを借りてどんどん自分の思い描く未来へ進んでいくことができるのです。

Point of This Lesson

行動力は足元から。履きにくい靴は歩き回る気を削ぎ、優秀な靴は「あと一歩」を後押ししてくれる。

Way of Life Called
Minimum Rich

Lesson 2

# 時計について

大切な時を
刻んでくれるもの

洋服には10代から興味があった私ですが、宝飾品やアクセサリーには、ほとんど興味がありませんでした。

ゴールドはゴージャスすぎて、カジュアルなスタイルには合わないと敬遠していましたし、シルバーもすぐに黒ずんでくるので苦手でした。プラチナやダイヤは値段が高いから、大人になってから買うものだと思っていました。

けれども、ある30代後半のお客様の言葉にハッとさせられ、価値観が変わりました。

そのお客様は、いつもTシャツにデニム、足元はローファーといったカジュアルなスタイルでしたが、いつも高級でエレガントな時計をしていました。時計は、そのお客様の生き方を感じさせる象徴でした。

「いつも素敵な時計をしていらっしゃいますね」と話しかけると、「私の人生の大切な時を刻むものだから、時計だけは妥協したくないの。素敵な針でカウントされる人生を送りたいの」とおっしゃったのです。

私の心は大きく動かされました。時計は物ではなく、一緒に大事な時間を刻む、人生のパートナーだったのです。

それからというもの、私はＶＩＰのお客様たちの腕時計に注目するようになりました。ある方は、アンティークの手巻き時計を愛用していました。

手巻きというのは不便だと思われがちですが、自分の手で時間を作り出している感覚が生まれ、自分の人生の時間に対する慈しみの気持ちが生まれることを知りました。

ダイバーズウォッチは活動的な積極性を引き出してくれますし、フェイスが小さくベルトの細いパーティ用タイプは繊細で丁寧な生き方を意識させてくれました。

また、ダイヤのついたものは強くて圧倒的な力を放ち、パワーを与えてくれる、頼りになるパートナーのように感じました。

人生の様々な場面で、どんな時を刻みたいか、身に付ける時計が教えてくれるのです。美しい時計に大切な時を刻んでもらい、時間こそが人生で何より尊いものだということを忘れないでいたいと思います。

Point of
This Lesson

時間の大切さを忘れないための美しい時計は、人生のパートナー。

Way of Life Called
Minimum Rich

Lesson 3

# ジャケットについて

## バッグとジャケットの格はそろえること

あなたの職場は、ジャケット着用が基本ですか？　ドレスコードが緩やかな業種でも、「大事な場面でお客様と接するときは必ず着ます」という方も多いと思います。

ジャケットは、相手への敬意を表すアイテムのひとつです。

ビジネスシーンでいいジャケットを着ていると、相手への敬意を示すだけでなく、自分への期待も高まります。いいジャケットを着ていると、いい仕事ができる気がしませんか？

そして少なからず、相手にもそういう印象を与えることができるのです。

ですからもし、もう一歩仕事でステップアップしたいときは、今の自分より少し背伸びしたものを着てみることをおすすめします。

普段買っている価格帯に自分への期待代として、2倍のものを着用してみます。

この上乗せはふつうの感覚では、かなりの贅沢かもしれません。けれども、自分を伸ばすため、仕事をバックアップしてくれるパートナーといえるアイテムに、あえて投資してみるのもありだと思いませんか。惰性で参加している飲み会を何回か断れば、出せない値段ではありません。

ブレイクしたお笑い芸人さんは「売れるために、高い家賃の家にあえて住んだ」という話を聞いたことがあります。

同じように「このジャケットに見合う仕事をする」という決意とともに、手に入れてみませんか？

ビジネスシーンでは、仕立ての良い「デキる印象」に見せてくれるいいジャケットを着て、明るい表情と声で挨拶をする。

それだけで、気持ちがピシッとして、不思議といいジャケットに見合う自分へ近づける気になってくるのです。さらにお客様からは、好印象を持ってもらえるはずです。

しかし、ジャケットの格にバッグの格があっていないと、ちぐはぐな印象になるので注意が必要です。時折、バッグが高価なブランド物なのに、ジャケットがシワシワ、ヨレヨレという方や、素敵なスーツなのにバッグがすり切れているという方を見かけます。

いいジャケットを着ていても、バッグとのコーディネイトがちぐはぐだと、ジャケットだけが浮いた印象になってしまうのです。

ビジネスシーンでは、ジャケットとバッグを主役にしましょう。そして靴はピカピカに磨いておきます。

加えて注意していただきたいのが、「満員電車では麻のジャケットを脱ぐ」ということです。

ジャケットを羽織って、朝から襟を正して出勤、という方は多いと思います。

私は、夏に満員電車の中で麻のジャケットを着ていたら、電車を降りてビックリ！　シワシワ、ヨレヨレになっていました。

混雑した中でショルダーバッグを肩から掛けたり、腕で必死にバックを抱えたりするとジャケットの肩や袖に皺やダメージが残ります。ショルダーバッグのストラップが肩の部分に当たり、その部分が深い皺になるのです。

麻素材は涼しくてオシャレですが皺になりやすく、一度ついた皺はなかなか取れません。仕事や大切なシーンで着るときは、シワシワ、ヨレヨレの人だという印象にならないよう、気をつけましょう。

特に夏は汗をかきますから、満員の通勤電車では脱いでおくことをおすすめします。仕事で着るジャケットは信用・信頼にもつながります。

例えば、病院に行き診察室に入るとします。「どうされましたか?」と言う初対面のお医者様の白衣がシワシワ、ヨレヨレだったら、「大丈夫かな?」と不安になると思います。

ジャケットは、白衣と同じように、あなたが仕事へと向かう姿勢を示しています。ロッカーに上質なものをひとつ、常にスタンバイしておきましょう。

この「置きジャケット」は、いざという時の頼りになるサポーターの役目をしてくれます。急な来客や打ち合わせが入ったときにも、このパワージャケットを羽織れば、スイッチが入ります。

上質なジャケットには仕事を成功に導くパワーがあります。

クールビズの世の中になりましたが、このパワーはロッカーでキープし続けましょう。

Point of This Lesson

置きジャケットは、後ろからあなたを支えてくれる安心できる味方。
「もしも」のために、ロッカーにひそませておきましょう。

Way of Life Called
Minimum Rich

Lesson 4

# 名刺入れについて

「名刺」以上にあなたを表すもの

ビジネスでは、名刺交換時の印象は重要です。デジタル名刺も多くなりましたが、まだまだ紙のものが主流です。初対面の相手から見られているのは、主に名刺入れと指先です。この2点に清潔感がないと、第一印象はマイナスからのスタートとなります。

逆に、指先と名刺入れに手入れが行き届いていると、好印象を持ってもらうことができます。そのためには、名刺入れの買い替え時は「ちょっと早いかな？」と思うくらい。くたびれてからでは遅いのです。

名刺入れは、角の状態でチェックをします。白くなっていたり、汚れていたら、買い替え時です。いくら気に入っているものでも、角のすり減った、くたびれた名刺入れは、あなたというブランドが、すり減ってしまいます。

例えば、あなたが初対面の方のお家へ訪問したとします。ドアを開けたとき、玄関が汚れていたらどうでしょう。

その人をよく知る前から、なんとなくがっかりした印象になり、期待感が高まることはないはずです。名刺入れは、玄関のようなもの。初対面で相手の目に触れるものですから、美しく保ちましょう。

具体的には、アルミ製のものは特殊な職業を除いては、あまりおすすめはしません。名刺入れの上に置いた名刺が滑りやすく、落としてしまう危険性があるからです。二つ折りの革製のものは名刺の出し入れがしやすく、スマートに名刺交換ができます。豚革や型押しのような表面に凹凸のあるものは、傷が目立ちにくいのでおすすめです。

もちろん名刺入れだけでなく、名刺交換時のマナーも重要です。

大切なポイントは、名刺は「相手の顔」だという意識です。腰から上の高い位置で持ち、丁寧に両手で扱いましょう。金運は財布の扱い方も大事と言いますが、仕事運は、名刺入れからパワーをもらって上げていきましょう。

Point of
This Lesson

名刺入れは、自分を表すブランドであり、相手への敬意を示す道具。
特に気を付けて管理をしましょう。

Way of Life Called
Minimum Rich

Lesson 5

# 髪留めについて

## 後姿まで凛として見える

オフィスでは、すっきりと髪をまとめて働く人も多いと思います。ロングヘアでも、ミディアムヘアでも、気分を変えたり何か作業するときは髪留めを使うと便利ですね。髪留めは日常的に欠かせない存在だという方も多いのではないでしょうか。

そんな髪留めですが、こだわりを持って選んでいる人は、少ないかもしれません。アクセサリーはみなさん高価なものを買うけれど、髪留めに投資する人は意外に少ないのです。

けれど、食事をしたり、お茶を飲んだりする場面では、相手の視界に入るのは上半身。表情、髪型、上半身の洋服しか目に入りません。顔のまわりの印象が、記憶に残るのです。

クリップ状のチープな髪留めは、おうちでのまとめ髪を連想させますし、レースやフリルのついたラブリーすぎるものは、職場ではふさわしくないでしょう。

キリッとしたスーツを着こなしていても、百均の髪留めの印象が強く残ってしまうこともあります。

ヘアアクセサリーは、自分からは見えにくいということもあって、盲点なのかもしれません。そのため、そこまでこだわりを持って選んでいる人は、一目置かれるようになるのではないでしょうか。

まとめ髪の上手なある先輩は、いつも素敵な髪留めをしていました。彼女はパリが大好きで、愛用していた髪留めもフランス製でした。

素敵なバレッタは、「アレクサンドルドゥ パリ」というお店のもの。

また、「さあ、やるぞ」というとき、さっと取り出し、髪をひとつにまとめたときのシュシュは、「ラドロー」というハンドメイドのブランドでした。

先輩にあこがれてそのブランドのものを手に取ってみると、髪留めにしては少し高いと感じました。

けれども、商品の種類によっては修理も可能だということを教わり、壊れやすいチープなものをしょっちゅう買い換えるより、しっかりしたものを長く使う方が合理的と思いなおしました。

髪留めもアクセサリーの一部で、ずっと使えると考えると、妥当なのかなという感覚です。それ以来、髪留め次第で、髪がゴージャスに生まれ変わることを知りました。上質な髪留めは、髪の毛の艶まで増してくれるのです。

髪留めのクオリティの良さは、後姿まで凛として見せてくれます。

こんな最強小物をうまく使わない手はないと思いませんか。

ロングヘアの女性には要チェックのマストアイテム。お気に入りの髪留めをひとつ手に入れて、オフィスの引き出しに入れておくのがおすすめです。

Point of
This Lesson

**髪留めは、予想以上に印象を左右します。**

**後ろ姿に差がつきます。**

Way of Life Called
Minimum Rich

Lesson 6

# ボールペンについて

## プロ感を出すなら、
## 100円ボールペンは使わない

仕事の打合せをしていたカフェ。初対面の相手がバッグから取り出したボールペンが素敵で、その瞬間、一緒にいい仕事ができそうだなと感じたことがあります。

また、高級車のショールームで営業ウーマンが、キャラクターのついたボールペンで書類に書き込んでいる方がいるのを見て、違和感を覚えたことがあります。

若いときは筆記用具にまで気を配ったことがありませんでしたが、昔、CROSSのボールペンを昇進のお祝いに先輩からいただきました。

書きやすさに驚いただけでなく、シルバー製品の光沢の美しさに感動しました。

「立場にふさわしい筆記用具を使ってね」と言われ、気が引き締まったことを覚えています。

このボールペンに恥ずかしくない仕事をしよう、頑張るぞと、気持ちが引き締まりました。

20年以上愛用していますが、このボールペンを使うたび誇り高い気持ちになります。

お客様へ信頼や安心を感じていただくためにも、しっかりした道具を使うことは、相手に敬意を示すことでもあります。

最近では「メモはすべてスマートフォンでとります」という方も増えてきていますが、書くことを楽しむ時間を彩ってくれる筆記用具は、まだまだ力強い味方です。

Point of
This Lesson

素敵なボールペンは、魔法の仕事道具。
仕事の質にふさわしい道具を選びたいですね。

Way of Life Called
Minimum Rich

Lesson 7

# 天然シルクについて

## 夏も冬も活躍する優れもの

シルクといえば、かつては高級素材というイメージが強かったと思います。今では、洗えるシルクや手頃な値段のものが手に入るようになりました。

私がシルクの実力を実感したのはハワイでのアクティビティでした。急に思い立ち、ダイアモンドヘッドに登ると決めましたが、ディナーの前でしたので、シルクの長袖シャツにコットンパンツという服装でした。これは大量の汗をかくことになると覚悟しました。

でも、それは私の思い込みでした。シルクは、冬に着ると温かく、夏は通気性が良く涼しいのです。

綿は、ものによっては、汗をかくと肌に張り付くときがあり不快に感じるのですが、天然100パーセントのシルクは発汗性が良く、サラサラとした感触が快適です。

肌触りも良く、汗をかいたり、急に寒くなったりという温度変化のあるシーンにも対応してくれる優秀な素材でした。

シルクは人間の皮膚と同じたんぱく質からできているので、人間の肌と相性がいいのです。吸湿性、保温性、放湿性に優れているので、パジャマや下着にも使われています。後から調べてみたら、紫外線を吸収してくれる効果もありました。

繭は、蚕（蛾の幼虫）を守るためのもので、その繭からできた天然のシルクは、適温を保ち、紫外線からも守る仕組みになっているのだと知りました。

近年は、ノンストレスな素材が求められています。肌に直接触れるものは、心にまで影響を及ぼすからです。ガサガサしたもの、チクチクしたものは、心までささくれ立ってしまうような気がします。

逆に、ふかふか、すべすべして肌にやさしいものを身に付けると、ホッとした気持ちになります。コロナ禍でブレイクした、ジェラートピケは保温性に加えて、あの肌触りに多くの人が癒されたのでしょう。

幸せな感触は、ストレスの多い今の社会に求められているのかもしれません。

特に寒い時期は、人恋しくなり「優しくしてほしい」という気持ちが高まります。肌や心に優しい素材を選ぶことで、自分にも相手にも優しくなれるのではないでしょうか。

四季が曖昧になってきた昨今は、寒暖差も激しくなっています。

天然100パーセントのシルクやカシミヤといった自然素材の力を借りて1年中快適に過ごせるよう、ファッションも工夫したいですね。

Point of This Lesson

天然素材は軽く、着心地がいい強い味方。

1年を通して、ワードローブに加える価値はあります。

Way of Life Called
Minimum Rich

Lesson 8

# ヘアブラシについて

## 髪の艶はブラシで「のせる」

料理をしていると、ソースの効果に気づきます。

艶のあるソースがたっぷりとかかっていると美味しそうに見えますよね。

黄色いオムレツにかけられた赤いトマトケチャップソース、白魚のムニエルには鮮やかな緑のバジルソース、艶があるソースがかかっていることで、より素材が引き立ち、料理とのコントラストが生まれます。

人も同じで、表面がツヤツヤして艶があると、ぐっと素敵に見えるものです。特に髪の毛は、全身で大きな面積を占めています。顔のまわりでまず1番最初に目に入る大きなパーツでもあるので、艶のある髪は魅力的です。

髪の毛に気を使い、シャンプーやコンディショナーなどのアイテムにこだわる方は多いと思いますが、髪の艶は、ブラッシングも大事だと実感しています。

しっとりとした光を感じる豊かな艶髪は、ブラッシングで作られると美容師さんから聞きました。

旅行先にいつものブラシを持っていくのを忘れて、ホテルの使い捨てブラシを使ったとき、なんだか髪の毛がきまらないという経験はありませんか？

丁寧なブラッシングは、頭皮の角質を浮かせ血行を良くする働きもあります。また、顔と頭皮は繋がっているので、顔色も良くなります。

ある日、美しい艶髪のお客様から、ブラッシングの習慣を教わりました。

「メイソン　ピアソン」という猪毛のブラシで、朝とシャンプー前の2回、丁寧にブラッシングをするそうです。

猪の毛は静電気が起こりづらく、髪に艶を出す効果があります。また、豚毛よりも硬いので、シャンプーでは落とせない毛穴の汚れをかき出してくれます。

そのために「シャンプー後」ではなく「シャンプー前」にブラッシングをするのがよいのだと、その時知りました。ブラシに投資したことがなかった私は、80歳を超えたお客様のお母様も愛用していると聞いて購入しました。

そのお母様には一度お会いしたことがありましたが、つややかな銀髪のご婦人でした。私も80歳になったとき、こんな素敵な銀髪になれるかもしれないと楽しみにこのブラシを使っています。

髪の豊かさは若さの象徴であり、心の豊かさにも通じるような気がします。

仕事でイライラする日が続くと、頭皮が硬くなっているのがわかります。表情も固くなり、眉間に皺が寄ってきます。疲れが溜まった夜は、特に丁寧にブラッシングをすると、頭皮が柔らかくなっていき、表情筋の疲れも取れるのです。

頭皮が硬い、体が硬い、心が硬いと、人としての艶は生まれづらくなるのではないでしょうか。

近頃、何だかついてないなと思ったら、艶がなくなっているのかもしれません。艶のある自分づくりは、柔らかい頭皮を手に入れることから始めてみませんか。柔らかい頭皮は、柔らかい心へと繋がっているのです。

Point of This Lesson

髪の艶と心の艶には、丁寧なブラッシングが効く。

Way of Life Called
Minimum Rich

Lesson 9

# メイクブラシについて

## コンビニコスメも極上の仕上がり

何かをはじめるとき、新しい道具を揃えるのってワクワクしますよね。

スノボを始めるなら格好いいウェアを、マラソンなら、走りやすいランニングシューズを買うとやる気も出ます。

しかし、道具がよくないと、楽しいイベントも残念なことになってしまうことがあります。

以前海外へ行ったとき、旅先でスーツケースの車輪が壊れて、動かなくなってしまったことがありました。安かったのでこれでいいやと安易に選んだスーツケースでした。

列車での移動の途中、ホテルからも遠い場所で、動かせなくなった20キロ近いスーツケースを抱えて、途方にくれてしまいました。

結局、見かねた駅員の方が座席まで運んでくださり、到着後はタクシーを使ってことなきを得たのですが、こんなトラブルがあると気持ちが追い詰められ、旅を楽しむ余裕がなくなってしまいます。

たかが道具、されど道具。道具はモチベーションも結果も、大きく左右するものだと思うのです。

また、販売スタッフ時代、こんな経験があります。

何度もご来店いただいていた常連のお客様が、以前にも増しておきれいになったと思う瞬間がありました。

メイクがぐっと上達していらっしゃったのです。ふんわりとしたチークの入れ方がプロのようで、明るさと華やかさが増していました。

さりげなく「チークの色を変えられましたか？　素敵ですね」と尋ねてみると、「化粧筆を変えたの」とおっしゃいました。

興味を持った私は、教えていただいたそのチークブラシを店頭に見にいきました。灰リスの毛で作られた品で、触ってみると、毛量が多く、驚くほどやさしい肌触りです。当時自分が使っていた、チクチク肌に刺さるようなコスメ付属品のブラシとはまったく違いました。

それまでは、アイシャドーやチークを買えば、小さいブラシやチップがついてくるので、特別に化粧筆を買ったことはありませんでした。付属品で十分事足りますし、化粧筆はプロが使うもので、技術もない自分が持っても使いこなせないと思っていました。

けれども、お客様にお聞きすると、チーク自体は、ドラッグストアでも売っているものをご使用とのこと。

その時から、「刷毛が上等なら、たとえプロでなくても、上手く塗れるのでは？」と思うようになったのです。「化粧品が上等でも刷毛が粗悪だとキレイに塗れない」のです。

それまで私は、デパートコスメのチークを、あまり上質でない刷毛で顔にのせていました。

けれど、上等な化粧ブラシを手に入れれば、今持っているプチプラコスメでも、上等な化粧品を使っているかのような出来栄えに見せることができると思いました。

化粧筆はお手入れ次第では、一生もの。消耗品であるアイシャドーやチークに高額を支払うよりも、コスパのいい買い物と言えるでしょう。

優秀な道具は、モチベーションを高めてくれます。

良い化粧筆があれば、コンビニコスメ、プチプラコスメの新しい色を試しに使ってみたりと冒険することも簡単です。ぱっときれいな化粧の出来栄えが鏡に映れば、気持ちがぐっと上向きます。

私はお客様の話を聞いて以来、「白鳳堂」の化粧筆を愛用するようになりました。

化粧の出来栄えをバックアップしてくれる大切な道具なので、使用後は毎回、粉をティッシュで拭き取って、湿度の低いところで保存します。定期的にやさしくお湯で洗い、櫛を通して、影干ししています。

付属のチップや小さなブラシで化粧をしていたときは、使ったら使いっぱなしで、交換やお掃除はめったにしませんでした。

優秀な道具を手にいれたことで、ものに対しても、きちんと礼を尽くして接する心構えができたように思います。化粧ポーチやコスメ用品の掃除も、以前より頻繁にするようになりました。


一流のスポーツ選手は、道具に一流のこだわりがあると聞きます。私たちはその道のプロではない限り、さほど道具にこだわることはありませんが、「もっと上手くなりたい」「もっと結果を出したい」と思ったら、道具に投資してみると、モチベーションが上がります。

これはお化粧だけに限った話ではなく、ものごと全般にあてはまることだと思います。

例えば、優秀なテフロン加工のフライパンがあれば、新鮮な野菜を、油をつかわずにさっと炒めるだけでおいしく食べられるでしょう。

逆に、すぐ焦げ付いてしまう古くなったフライパンでは、料理をする気も起きないでしょう。ついついスーパーでおかずを買ったり、外食が増えて、結局は食費が高くついてしまうかもしれません。

良い道具は、「やりたい気持ち」を後押ししてくれますし、モノを大切にする気持ちも育ててくれます。

Point of
This Lesson

**良い道具を揃えると、結果的にローコストで腕も上がる。**

Way of Life Called
Minimum Rich

Lesson 10

# コートについて

## うまく付き合えれば、
## 一段上の気品がついてくる

大人になってからの「コート」というアイテムは、私にとって「洗練度を試されるアイテム」でした。人前で脱いだり、着たり、預けたりしますし、コートの扱い方やマナーが問われる場面が、人生にはたくさんあるからです。

例えば、レストランに行ったり、誰かのお宅にお邪魔しても、コートは脱いで預けることが多いので預けたコートのタグや肌触りで、相手に与える印象が違います。

脱ぐときや着るときの立ち振る舞いがスマートで、コートの扱いに慣れている人は一目置かれます。私がコートを選ぶお客様のお手伝いをしていたとき、脱いだり、着たりする仕草で、どれくらいのグレードのものを求めているのか、何となくわかる気がしていました。

「人に着せてもらうこと」に慣れているお客様は、腕を羽のように後ろ斜め下へ向け、下に降ろしたまま、こちらに背中を向けてくれるので、スムーズに着せることができます。

慣れていない方は、手を通そうとコートの袖口を探しながら、頭や体を左右に動かすので、スマートに着せることができません。

コートの着せられ方でも、コートとの付き合い方の洗練度がわかる気がしていました。

ビジネスシーンでのコートのマナーもあります。訪問時には玄関に入る前、建物の外でコートを脱いでから受付に行くのは当然のマナーです。

応接室に通されたら、バッグの上に小さく畳んで丸めて置いておきます。

コートの扱いがその人の第一印象を左右する場面もあるのです。

また、冬は、ニットやボトム、アイテムのバリエーションを揃えて毎日着替えても、上に同じコートを着ることになれば、同じ印象しか残らないので、質の良いコートを選びたいものです。

コートは1番上に羽織るものですから、コートの印象は、その人の印象になります。

コートを羽織る時期は、他のアイテムを買うことを最小限に抑え、TPOに合わせた上質なコートを2枚（仕事用とプライベート用）持つことをおすすめします。

コートは自分の分身なのです。

自分を高めるにはなるべく上質なものを選ぶこと。それからコートの扱い方のマナーを身につけることから始めませんか。

Point of This Lesson

自分の分身のようなコートを着ること。
コートの扱いは慣れが必要なので、練習してもよいかもしれません。

Column

# 3

## プラスαの満足は、タオルへのこだわり

タオルにこだわる生活を教えてくれたのは、ある尊敬する先輩でした。

お宅にお呼ばれしたときのことですが、洗面所には、ホテルのようにきれいに畳まれた白い上質なタオルが、棚に整然と並んでいました。

話を聞くと、1年に3回、4ヶ月で全部、新しいものと交換するそうです。

先輩は、

「1枚3千円のタオルは20枚で6万円。洋服か靴を2つか3つ買うのを我慢すれば買える値段だよ。毎日使うものだから、1日あたり500円でしょ。500円で毎日満足が買えるの」

確かに、バスタイムは、1日の疲れを癒す大切なリセットの時間。お風呂上がりに上質なタオルにふわっと包まれると、疲れがほどけていきます。

高級ホテルのクオリティは、タオルやバスローブ、アメニティグッズ、シーツやマットレスなどに表われます。

それを考えれば、毎日の満足度を5ツ星にするヒントは、それらのアイテムにあるのかもしれません。

気持ちがカサカサして、やさしい気持ちになれないときは、タオル専門店でまずは1枚、自分にとっての極上なものを手にとってみてください。その1枚と、今までのタオルを交互に使ってみると、自分を幸せにしてくれる触感のポイントが見つかります。

極上の触感は、目に見えないですが、幸せな感覚に直結するものだと思います。

# Chapter 3

# エレガンスと美意識のみがき方

Way of Life Called
Minimum Rich

Lesson 1

# エレガントに振る舞うには、ながら作業をやめる

一つひとつの動作に
心を込める習慣

ビジネスマナーで、丁寧なお辞儀の仕方には、「先言後礼」というポイントがあります。「よろしくお願いします」「ありがとうございます」と先に言ってから、後でお辞儀をします。

もしお辞儀をしながら同時に「よろしくお願いします」と言うと、実際には床に向かって「よろしく」と言っている印象になりますので、まずは相手の目を見て言葉を伝えた後でお辞儀をする、言葉と動作は別々にしましょうという基本ポイントです。「分離礼」とも言います。

けれども、これは意外にできていないのではないでしょうか？

せかせかして急いでいるときだと、あいさつもぞんざいに済ませてしまうことが多いと思います。

歩き疲れてある小さなカフェに入ったときのことです。

不慣れな場所だったので目についたカフェに入ってしまい、席に座ると思ったより古びた店だったので「ちょっと失敗だったかな？」と考えていました。

するとカウンターの奥にいた年配の女性がお盆に水をのせて私の方に静かに歩いてきて、レースのコースターの上に音もなくコップを置き、軽く頭を下げてしずしずとまた奥へ戻っていきました。

私は、それだけでもうこのお店がとても好きになっていました。

この女性の仕草がゆっくりと丁寧で美しく、旧家のお屋敷の給仕係のような気品にあふれていたからでした。

銀のお盆はピカピカに磨かれ、目の前にあるのは夏の季節にぴったりの真っ青な切子グラス。コースターも、よくみると細かい絹糸で丁寧に織られたものでした。

本当にこじんまりとして、老夫婦のおふたりでやっている古びたお店だったのですが、この優雅な給仕をする女性のおかげで、コーヒー1杯の値段とは思えない優雅な時間を過ごすことができたのです。

一方で、忙しいとついついやってしまう「ながら作業」は、相手に失礼な印象を与えることがあります。

例えば、オフィスで後輩に話しかけられたとき、パソコンの画面を見ながら返事をする。

友達の話を聞きながら、スマートフォンを触ってしまう。

片手で荷物を持ちながら、片手で書類の受け渡しをする。

ひとつの仕草を取り上げれば大したことではありませんが、それらが積み重なると「なんとなくせわしない人」「対応が雑な人」という印象をつくってしまうかもしれません。

エレガントな振る舞いが板についた人というのは、一つひとつの動作が丁寧で、たとえ時間がないときでも、焦りを表面に出しません。あくまで、今、やっていることだけに集中し、ひとつの物事を確実に片付けていきます。

一つひとつの動作を丁寧に行うことは、この時間、この瞬間を大事にすることです。それは、今という時間を大切に味わい、丁寧に生きることにもつながります。

言わなくても自然と伝わる雰囲気というものを、人は誰でも持っています。自分では意識しなくても、日常の過ごし方が、ふとした時に匂いたってくるということがあると思うのです。

例えば日頃から本を読んだり、勉強したりしている人は、会話の中にさりげなく知識や教養が垣間見えます。物を大切に扱っている人は、自然と両手で丁寧に受け渡しをします。焦っているときほど、一瞬手を止めて、一息入れて机の上に書類やカップを置く。置いたら、一瞬目で確認してから次に移る。

そういう日常の中の丁寧さが、少しずつ蓄積されていって、エレガントさがつくりあげられていくものだと思います。

Point of
This Lesson

「あ、今焦ってしまってる」と気づいたときは、一呼吸おいて、あえて動作を丁寧に。気持ちも落ち着き、手助けを求めることもできるようになります。

Way of Life Called
Minimum Rich

Lesson 2

# 70歳でペディキュアを欠かさなかったセレブ

## 美意識を高める時間

70代のお客様の女性と、街で偶然お会いしたことがありました。

蒸し暑い夏の日でした。私はお客様の足元を見て「はっ」としました。

美しい深紅のペディキュアが、白いサンダルから見えていたのです。

自分の足元を見ると、履き古したサンダルに爪の伸びた親指がにょっきりと覗いていて、恥ずかしい気持ちになりました。

足を隠してしまいたいと思いながら、「きれいな色ですね」と話しかけると、「家に定期的にネイリストに来てもらっているの」と言うのです。


「この年齢になっても、何という美意識の高さなのだろう」と、さらに驚くしかありません。たぶん、このお客様は人生の最後の瞬間まで、ペディキュアを塗り続けるのだろうと思いました。

自分自身のメンテナンスをし続けていくことは、美意識を保ち続けていくことです。

部屋も掃除しなければどんどん汚れていきますし、車も車検をして不具合を直していかないと走ることができません。

女性として生きていくことは、メンテナンスをする時間も「込み」だと思います。

自分だけでなく、家や人間関係もメンテナンスが必要です。その時間をつくることで、清潔感と前を向く気持ちを持ち続けることができるのです。

それが、いくつになっても品格を失わないことになるのではないでしょうか。

品格のある人は一目置かれ、魅力で人を惹き付けます。

美意識を高める時間を持つことは、人生の最後の瞬間まで心豊かでいられる秘訣だと思うのです。

Point of
This Lesson

**心が動くものを持ち続けることで、いつまでも美しくいられる。**

Way of Life Called
Minimum Rich

Lesson 3

# いつでもきちんとした服装でいること

ワンピースは女の正装

正装とカジュアルな服装とは、どこが違うのでしょうか。

実は「着まわしができるかどうか」で決まります。

他に着まわしができない服ほど、正装度が高いのです。

例えば、結婚式で着るタキシードは、他に着る機会がなく、上下別々に着回しをすることができません。

一方、着回しが効くアイテムほどカジュアル（ラフ）ですから、デニムやTシャツはカジュアルの代表です。

この観点から言うと、ワンピースは正装です。なぜなら、ワンピースは上下を分けたりして着回しができないからです。

「きちんとした印象を与えるならスーツで」と考えることも多いのですが、ジャケット、スカートなどバラバラに着回すことができるスーツよりも、ワンピースの方が実は正装度が高いのです。

よくレストランで見かける光景が、男性は会社帰りのスーツ姿、女性の方はニットにデニムというカジュアルな服装で食事をする二人。

こんなとき、カジュアルなニット素材のものでもワンピースを着ていたならば、男性の正装度の高いスーツとの違和感は少なくなります。

外に一歩出れば、どんなことが起こるかはわかりませんので、服装には気を使います。

食事の席で、知り合いとバッタリ会い「ちょっと紹介するね」と素敵な人を紹介されることもあるかもしれません。そんなときに限って、適当に選んだ服装だったりするものです。

「この格好でなければ……」と後悔した経験がある方は多いと思います。

また、突然、「これから移動しましょう」と、以前から行きたかった素敵な場所へ誘われても服装が原因で、「またの機会に」と、断ることになっては残念だと思いませんか。

こういう機会は、一度逃すと次にいつ来るかわかりません。せっかくのチャンスを無駄にしてしまうことにもなりかねないのです。

様々なシーンでそれなりの正装であることは、ふいのチャンスをしっかりものにするという心構えであり、どんなときでも、相手よりカジュアルな服装にならないようにという礼儀の姿勢でもあるのです。

Point of
This Lesson

実は私の外出着はほぼワンピース。正装であり、コーディネイトの失敗もなく、あらゆるシーンで頼りになります。

Way of Life Called
Minimum Rich

Lesson 4

# 1番使う場所を1番きれいに

手が美しい人のする仕事は美しい

若く見える女性でも、手を見て「私と同じくらいの年齢かな？」と思うことがあります。私より年上か年下かは、顔よりも手を見てわかることの方が多いからです。

私の友人はアラフォーモデルのオーディションで「手を見せて」と言われたそうです。手が顔よりも雄弁にその人を語る、という意図があったのかもしれません。

仕事の場面でも、手は他者から「意外と見られている」と思った方がよいでしょう。

剥げかけたマニキュアを塗っているくらいなら、きれいに落として地爪を清潔に保つ方が好印象ですし、ささくれが目立っていたら丁寧に保湿をします。

きちんと手入れがいき届いた手は、水回りが綺麗なお宅のようです。1番使うところがシンプルで綺麗だと、信頼できます。

飲食店でも同じですよね。水回りがきれいだと「おいしい料理を出してくれそう」と感じます。プロとしての信頼に繋がります。

1番よく使う場所こそ、清潔にしておくことで品格が保てるのです。

お客様で「手タレ」と呼ばれる「手のモデルさん」がいらっしゃいました。
当然ながら、いつも手袋をしていて、パラフィンパックやマッサージなど、顔同様に入念なお手入れをしていました。

とても真似ができるレベルではありませんでしたが、たったひとつだけ、「すべての部屋にハンドクリームを置いておき、マメに塗ること」だけは、私にもできそうだと実行し始めました。

朝の洗面台にはミント系のさわやかな香り、キッチンには無香料のさっぱりタイプ、リビングには華やぐローズ系、寝室にはリラックスできるジャスミンの香りなど、テクスチャーや香りを変え、楽しみながら使うことにしました。
爪専用のオイルを化粧ポーチに入れて持ち歩き、手を洗う度に塗ると乾燥を防ぐだけでなく、軽くマッサージをすると気分転換になります。

そのお客様は、手だけでなく、髪も靴もきれいでした。お手入れのポイントを訊いてみると、やはり保湿。髪はコンディショナーにアルガンオイルを混ぜて使っていること。そして、靴は週末にクリームを塗り、ベランダで陰干ししているとのことでした。丁寧なお手入れで確実に心のコンディションも変わります。

**Point of This Lesson**

**手が美しいと自信になります。**
**爪を清潔に保ち、ハンドクリームをこまめに塗りましょう。**

Way of Life Called
Minimum Rich

Lesson 5

# 輝いている人は、2つの「皮」の手入れをしている

「肌」と「バッグ」が
印象を左右する

販売スタッフとして働きだして間もない頃、あるお客様から、「印象を良くするには、2つの皮が大事」と言われました。

それは、肌とバッグのことでした。


いくら素敵な洋服に身を包んでいても、この2つにダメージがあったり、くたびれた印象になるとだらしなく見えると言われたのです。

逆に、この2つの皮のグレードを保てば、大人の女性としての品格が保たれ、自信がもてるというのです。


確かに、肌は心の状態を映し出しています。

自信がないとき、心と体のバランスが取れないときに、食事やホルモンのバランスが乱れ、肌は荒れていきます。

肌は心の鏡です。この鏡をピカピカにしておくことは、自信の源泉になるのです。

鏡を覗き込んだとき、荒れた肌では、上を向くことができません。

けれども、落ち込んでいるときでも肌がきれいなら、鏡を見るだけで前向きになれるのです。

上質な肌を持った女性は、清潔感や丁寧さ、ゆとりをも感じさせます。

肌は慈しみ、優しい気持ちで手入れをすればするほど、確実に応えてくれます。

お風呂から上がった後に、美容液やクリームを手のひら全体で肌の奥まで栄養を染み込ませるように徹底的に届ける時間をつくると状態が変わってきます。

「手当（てあて）」という言葉がありますが、手の温もりやエネルギーで念入りに大事だと伝えると、肌は応えてくれるのです。

特に季節の変わり目はトラブルを起こしやすいので、こうしてやさしく手入れをしてあげると、肌は応えてくれます。

肌に対する手当ての習慣は、下を向きがちだった自分を引き上げてくれました。

また、洋服のバリエーションを増やすことにエネルギーを注いでも、バッグがよれよれでは残念な印象になります。なのでまずは、上質なバッグを手に入れることにしました。

どれを買おうかと迷っていると、柔らかい革の美しいバッグを見つけました。

このバッグは、生後6ヶ月以内の仔牛の革でした。

大人よりも子供の肌の方がきめ細かいのと同じで、成牛の革に比べると手触りが滑らかなのです。

私はこのバッグを買って、肌と同じように手入れを始めました。

やさしく撫でたり、専用のクリームを塗るとより艶やかになり、まるで自分の肌の一部のように感じ、何だか誇らしげな気持ちになりました。

社会人として仕事で使うバッグの革のグレードを上げることは、仕事道具への尊敬を持つこと。プロとして一流を目指すことだと考えるようになりました。

また、一流のものを持つことで、これに恥じない仕事をしようというモチベーションにもなりました。

だんだんと自分への自信が湧いてきて、以前は気おくれしていた職場でも、きびきびと振る舞えるようになってきました。

今でも、バッグがくたびれていないか、肌の手入れは行き届いているか、毎朝チェックをしています。

この2つの皮がピカピカだと、気分も上々。バタバタしがちな朝でも、気持ちに余裕を持って、胸を張って歩けるのです。

自信を手に入れるために、まずこの2つの皮を良い状態に保つことから始めてみませんか。

Point of
This Lesson

2割の自信アップは、2つの皮を上質に保つことから始める。
さらに革靴を履く人は3つの皮の手入れを念入りに。

Way of Life Called
Minimum Rich

Lesson 6

# 美容室に行くのは消費ではなく投資

## 髪はあなたの輪郭を決める額縁

朝の時間帯は、いつもバタバタとしていて、「あと10分早く起きればよかった」と、後悔することがよくありました。

とりあえず髪をひとつにまとめ、慌てて電車に乗って出勤した私に、いつも美容室帰りのような美しい髪の50代のお客様は、「朝、時間がないなら、化粧よりブローが優先」と教えてくれました。

いつも美しくセットされた髪はツヤツヤでふんわりとして、優しい笑顔を引き立たせていました。

人の第一印象を決めるのは、「細かいパーツより、全体のフォルム」なのです。

絵も額縁次第で印象が変わるように、髪は、あなたという絵の額縁のような役割をしています。髪型が変わるだけで、人は別人のようになります。良い美容師さんに出会うことは、良いお医者様に出会うことと同じだと、お客様はおっしゃいました。素晴らしい技術に払うお金は、プロへのリスペクトであり、自分への投資です。

髪は体の一部ですから、素敵な美容室で、一流のスタイリストに髪を任せることは、一流の腕を持った医者に体を診てもらうことと同じだと、おっしゃるのです。

お金の使い方には、3種類あると言われています。

「消費」と「浪費」と「投資」です。


それまで美容室代は、「消費」としか考えていませんでしたが、髪が私という存在の額縁なら、美容室で髪を整えることは、つねにきちんとした印象を持ってもらうための「投資」だと思うようになりました。

素敵な絵には、素敵な絵に見合った額縁への投資が必要です。たとえ無名な絵でも、額縁次第で印象が変わりますし、ぐっと魅力的になるのです。

腹をくくって投資したものには、必ず何らかのリターンがあります。あなたが「この人なら」と選んで髪を任せたなら、あなたの美しい髪の第一印象は、今以上の自信を手に入れることができるのです。

Point of
This Lesson

髪のフォルムが全体の印象を決める。
細部に割く時間がなければ、まず髪を整える。

Way of Life Called
Minimum Rich

Lesson 7

# 美しいふくらはぎの筋肉が、行動力の源

脚の強さは生きる強さにつながっている

カウンセリングに訪れる方の悩みは様々ですが、「自分に自信を持てない」と悩む方は少なくありません。

あるアンケートで、日本人は近隣のアジア諸国や欧米の国々に比べて、「自分に自信がある」と答える人の割合が極端に少なかったそうです。

私たちの国民性として、謙遜が美徳とされていますし、いくら能力があっても「自分はまだまだ」と考えがちです。

でも、その美徳の一方で、いくら努力しても自分を認めることができず、苦しんでいる方も多いのです。


そんなときには、「筋トレをしてみませんか？」とおすすめすることがあります。

仕事も恋愛も、がんばれば必ず上手くいくわけではありません。いくら努力しても、それに見合った結果が出ないこともあります。

しかし、筋トレは、正しい方法で継続的に取り組めば、やったらやっただけ確実に結果だから、いろいろなことでがんばったけれど、残念ながら報われなかったという人には、私の経験上、筋トレをすすめるのです。

着実なトレーニングを積み重ねていく中で、身体が徐々に引き締まってスリムになると、気持ちもどんどん強くしなやかになっていくからです。


筋トレで素晴らしいスタイルを維持していたお客様は、いつもハイヒールで颯爽と歩いていました。

立ち姿や後ろ姿がかっこいい理由は、美しい脚の筋肉に詰まっていると感じていました。

いくつになってもカッコよくハイヒールを履きこなすためには、美しいふくらはぎが必要です。

行動力の源は、脚にあります。脚を鍛えれば、行動力はいくつになっても増強することができるのです。

脚の筋肉は心臓から全身に送り出される血液を、また心臓へと押し返す役目を果たしています。つまり、脚が強いと全身の血流がよくなり、弱くなると全身が弱ってきます。

脚の強さは、生きていくことに直結しているのだと、スポーツジムのトレーナーに言われました。

ハイヒールを颯爽と履きこなす、素敵なマダムと言えば、思い浮かぶのがファッションデザイナーの島田順子さんや、俳優の倍賞美津子さんでしょうか。

行動力の塊のようなエネルギーを感じます。

2011年3月11日、東日本大震災があり多くの方が犠牲となりました。

あの日、私は仕事で広島にいて、帰路の空港で羽田が閉鎖されていることを知りました。

気仙沼には親戚が住んでいます。

安否もわからないまま、広島市内に引き返し、ホテルのＴＶでニュースを見るしかありませんでした。見慣れた気仙沼の海岸から大波が押し寄せ、家屋を飲み込んでいく映像に体が冷たくなり、朝まで涙が止まりませんでした。

もし、私があの場所にいたらと、朝まで考え続けました。

親戚の住む町からあの高台まで、自分の足で逃げ切れただろうか、と何度も自問しました。

きっとそれは、どんなに鍛え抜いたアスリートでも、自然の猛威に襲われては無理な相談だったでしょう。

けれども、こんな災害が起きて、「自分がいかに弱い人間なのか」を痛いほど知らされた気持ちになったのです。もっと体力をつけて、様々なことに対応していけるようになりたい。そして、できれば走れない人がいたら、手をつないで高台まで引っ張り上げなければと思ったのです。

脚の筋肉を鍛えるのをおすすめするのは、いくつになっても美しい靴を履きこなしたいという美意識もありますが、それだけではないのです。

トレーニングを続ける努力によって、強く生き抜くための自信をつけたいという思いと、何よりも、もしものときに誰かの手を取って走れる人でありたいという気持ちをあの日、感じたからです。

震災の後、私は、自分を信じることができないとき、お墓のある高台まで走れず波に飲まれる夢を何度も見ました。

そんなとき、参加したヨガのセッションで先生が同じことをおっしゃいました。

「災害があったとき、あの土手の上まで走りきる体力をつくりましょう。そしてできるなら、登れない人に手を差し伸べましょう」

これは、あの災害を目のあたりにした共通の思いなのかもしれない、と思いました。

脚力のある自分を保っておくことは、いざというとき誰かを助けられる余力をいつも持っておくということ。

それは、どんなことよりも自信の糧になるのではないでしょうか。

Point of This Lesson

自信がないときは脚を鍛えましょう。

人を助ける余力までつけて、はじめて一人前だと感じられます。

Way of Life Called
Minimum Rich

Lesson 8

# 二の腕は第2の顔

## どこよりも如実にその人の生活を語る場所

私がお会いしたセレブのお客様は、冬でもノースリーブを愛用されていました。

なんて寒そう！　と思うかもしれませんが、もちろんお食事のときなど、暖かい室内だけでのノースリーブウエアです。

素材はモヘアなどの、あたたかみのある素材ですので、寒々しく見えません。

冬のボリュームのある素材は着膨れして見えることもあるので、腕を出すことですっきりと痩せて見える効果があります。


私は二の腕を、第2の顔と呼んでいました。

二の腕は、「私はこんな人生を送っています」ということを語ってしまう場所かもしれません。隠しているつもりでも、普段の生活感がにじみ出てしまいます。

セレブと言われるお客様の二の腕は、筋肉質でストイックな顔だったり、自信を感じる顔だったりと、その人の生き方や意志がにじみ出ていました。

仕事でのストレスで暴飲暴食が続いたある日、おしゃれをして気分転換に出かけようと、ノースリーブのワンピースを選びました。

メイクもいい感じ、髪も決まった、靴もバッグもこれでバッチリ。

でも、鏡の前に立って呆然としました。

ニョッキリとした二の腕は、それまでの荒れた生活そのものを語っていたからです。

そこに映っていたのは、上手くいかないことを他責にしてイライラして食べ続け、どんよりと受け身に毎日を暮らしている人の、だらしない二の腕でした。

あまりのショックに出かけるのをやめて、すぐにスポーツジムに電話をして入会の申し込みをしました。セレブのお客様たちの二の腕はそれぞれに美しく、魅力のある顔だったことを思い出したのです。

自分の身体くらいは、自分で責任を持って自分の理想に近づけるようにしたいと思いました。

歌手で俳優の夏木マリさんが、インタヴューで「最後は、キレイな体を神様にお返ししたい」と、おっしゃっていました。

「いつか、お返しする」と思うと、気が引き締まります。若いときより、その「いつか」は近いのです。

顔つきも体も、歳を重ねたら、すべては自己責任です。

オーラとは、その人の持つエネルギー量だと思います。多くのエネルギーが詰まった、オーラのある二の腕を、神様にいつかお返ししたいと思っています。

Point of
This Lesson

**二の腕には、生き様が詰まっている。**

Way of Life Called
Minimum Rich

Lesson 9

# 若いパリジェンヌがシャネルを持たない訳

## 重ねてきた時間を纏うという究極のおしゃれ

シャネルは女性の憧れのブランドのひとつだと思います。私はいつもお店の前を通るたび、ショーウインドーの世界観に魅せられてしまいます。可愛さと優雅さを兼ね備えた究極にエレガントな女性像がパリで出会ったマダム達を連想させます。

昔、パリでシャネルを素敵に着こなすマダムに会いました。おそらく80代くらいです。ピンクのツイードジャケットに黒のタイトスカート、格子柄のチェーンバッグを持ち、足元はバレエシューズ、カメリアのバレッタで白髪をアップにしていました。甘いバレエシューズは、年を重ねて枯れた細い脚をエレガントに見せてくれていました。

その姿があまりにも素敵だったので、私もお店に出かけてシャネルのツイードジャケットに袖を通してみました。

でも、鏡に映った自分を見てびっくりしました。全く似合わないのです。

当時30代の私は、シャネルを着るには未熟でした。不釣り合いな感じがして、「服に着られてしまっている」ように見えました。

一方あのマダムの姿を思い返してみると、ジャケットの衿元から見える皺のある首や鎖骨、8分丈の袖口から見える手首は何ともエレガントでした。シャネルのジャケットは、パンと張った肌ではなく、年輪を感じさせる肌や骨を美しく魅せてくれると思いました。

顔に刻まれた笑い皺は、素晴らしい時間を生きてきた勲章です。下がった頬も骨ばった手も、ひとりの人間がさまざまなことを乗り越えてきた尊い歴史です。

シャネルは、そんな女性の生き様の集大成を、誇り高く美しく飾ってくれるブランドではないかと思っています。

60歳の還暦のお祝いに、お子様たちから赤いシャネルジャケットをプレゼントされたというお客様の写真が、今でも目に焼き付いています。

実業家の妻として、精力的にボランティアもなさってきたマダムは、お孫さんやお嬢様に囲まれて、自信に満ちて輝いていました。

これまでの人生の充実感と、今も変わらないエネルギーを感じさせる赤でした。

その人の生きてきた姿勢、積み重ねてきた努力や体験。それらから香ってくるオーラのようなものが、本当に価値ある服を着る資格をかたちづくるのだと思います。

ですから、ただ高いお金を払いさえすれば、着こなせるというものではありません。これまでやってきたことの集大成として、重ねてきた尊い時間も一緒に身に纏うこと。

それが、老境をむかえたマダムたちの、究極のおしゃれでした。

そのオーラは直接目に見えないものかもしれません。けれど、その目に見えないものを大切に纏いたいと思うのです。生き様が美しい人は、それに見合ったものを纏うことができるのではないでしょうか。私もこういうマダムたちの究極のエレガンスを身につけるべく、年を重ねていけたら本望です。

Point of This Lesson

**魂のステージを上げれば、歳を重ねるたびにエレガントになれる。**

Way of Life Called
Minimum Rich

Lesson 10

# 本物の憧れアイテムは、未来をつくってくれる

## 背筋が伸びるバッグを選ぶ生き方

昔、あるお客様が、「今、パリでバーキンを予約しても、手に入るのは10年後なのよ」とおっしゃって、びっくりしたことがありました。

手に入れるのに10年もかかるなんて、時間がかかりすぎると思いました。(現在、予約は受け付けていないようです)

でもお客様は、「10年後、またパリに取りに行くわ」と言って楽しそうに微笑んでいらっしゃいました。

当時30代だった私には、手に入るのに10年もかかるバッグを楽しみに待つお客様が、とても優雅に感じられました。

そもそもパリまで予約をしにいく時点で、特別なバッグです。お金を出しさえすれば買えるバッグではありません。当然現地の販売スタッフにも顔馴染みになっていらっしゃるでしょうし、さまざまに踏まなければいけない段階があると思います。

バッグそのものにも価値がありますが、バッグを手に入れる過程や、顧客にふさわしい人であると保証してくれることも大切な価値なのです。

そのお客さまは、「10年後にバーキンを手に入れたときは、こんな風に持ちたいの」とイメージを膨らませていらっしゃいました。

このお客様の言葉が、私にとって、10年後の自分をイメージするきっかけになりました。「この憧れのバッグが似合う女性になっていたい」と思ったのです。このバッグが似合う自分は10年後、どんなライフスタイルを送っているだろう？ どんな場所で、どんな人と一緒に、何を大切にして生きているだろう？

当時の私にとって、「バーキンを持てるような自分になりたい」と思うことは、年を重ねた未来の自分が楽しみになるきっかけでした。

未来の自分は、どんな服を着て、どんな場所で暮らしているだろう？ 何よりバーキンの存在感に負けないような人間に自分自身がなるには、どうしたらいいだろう？

そうやって細かくイメージしていくと、憧れのものにふさわしい自分になれるよう、少しずつ具体的な行動をとるようになっていきます。このバッグが似合う自分、この服が似合う自分、この家に住んでいる自分。そういう自分になるためには、何を考え、どういう人と付き合い、どう振る舞い、どんな経験を積めばいいか。イメージする力は絶大です。イメージをすることから始まって、行動が変わっていくからです。

私の場合、バーキンはただの高価なバッグではなく、自分の夢を改めて考えるきっかけであり、実現するためのシンボル。バーキンを買えるグレードのある自分になることは、成長したいと願う心でもありました。実際に手に入れるかどうかは、実は重要ではありません。

それは当時の私にとってはバーキンでしたが、どんなものでも構いません。
今は手が届かないけれど、未来の成長した自分の隣にいてほしい、そんなものが見つかるとモノが力をくれます。それに向かって一歩一歩着実に、未来へ歩いていけるのです。本当に上質なものには、夢をサポートしてくれる力すら宿るのです。

Point of This Lesson

あなたの憧れアイテムはなんですか?
自分の将来像が詰まった、一生かけてもほしい物を探してみてくださいね。

Column

# 4

# 化粧ポーチは1年ごとに取り替える

オフィスでは、ランチ後の化粧直しで、「意外性のある化粧ポーチ」によく遭遇します。モード系でスタイリッシュな外見の先輩が、化粧ポーチだけはラブリーだったりすると、少女っぽい一面もある人なのかなという発見があります。

リケジョ（理系女子）と呼ばれるある知人は、「化粧品入れは、ジップロックが一番」と言っていて、彼女の効率を重視する性格を物語っていました。

化粧という素顔から変身するパーソナルなアイテムを入れるポーチは、その人の素顔が見え隠れしているのかもしれません。

また、化粧ポーチは化粧品の粉がついたりと、汚れもつきやすいアイテムです。どんなに高級なブランド品のポーチも、一生ものという訳にはいきません。ですから、化粧ポーチに関しては、使いやすく汚れに強いものをどんどん買い替えるというイメージで選びたいと思っています。

毎日持ち歩くものなので、ブランドにこだわらず気に入ったデザインで使いやすそうな物を1年ごとに買い替えています。

汚れたらブランドのタグは見ないで、まだ使えるかどうかを判断します。

ブランドにこだわると、「高かったから捨てられない」と思ってしまい、汚れているのに使い続けてしまうからです。1年はけっこうあっという間なのですが、早め早めに取り替えることで、清潔感を保つことができます。

ポーチが美しいと気分も上がりますし、手帳のように一年ごとに取り替えるのも楽しい行事なのです。

# Chapter 4

# 小さなバッグを持つ生き方

Way of Life Called
Minimum Rich

Lesson 1

# 「小さなバッグ」とは、有限だが貴重なあなたの人生の象徴

バッグに入れるもの
＝限りある人生に入れるもの

「女性は、まだ起こっていないことを先取りして心配して、ゆるやかに積極性を失ってしまう傾向がある」

と言ったのは、元フェイスブックの最高執行責任者であるシェリル・サンドバーグ氏です。これを心理学用語では、「成功回避」と言います。いわゆるメンタルブロックです。

２０１５年、女性活躍推進法が制定され、企業からは、女性リーダー研修のご依頼が増えました。

しかし、リーダー候補者の女性達からは、「なぜ、私がリーダーなの？　と思ってしまいます」という声が多いのです。会社から能力を買われて抜擢されたにも関わらず、心配や不安を感じているのです。

「リーダーになって、成果が上がらなかったら、どうしよう」

「責任が重くなって、家庭が上手くいかなくなったら、どうしよう」

「育児がおろそかになり、後悔することになったら、どうしよう」

と、まだ起こっていないことを、考え過ぎて行動できなくなってしまう。そんな女性達の心理は、バッグにも表れると感じていました。

心配し過ぎると、あれもこれも準備して持って行こうと、バッグが大きくなってしまいます。どっさりと不安を象徴するものたちを詰め込んだ結果、その重みでかえって体力を奪われ、心軽やかに前へと踏み出す積極性を失っていくことになるのです。

それは、持ち物だけに限らず、限りあるエネルギー・時間の使い方も同様です。断りきれなかった飲み会や、惰性で行ってしまっているルーチン作業。そういうものが、1日という限られた小さな枠の中で、大きな割合を占めて、大事な業務を圧迫してはいないでしょうか？

年頭に、女性の起業家の仲間と1年の計画を立てました。

ある女性社長は、「今年は、魂の震える仕事しかしない」と言っていて、「なかなかできないけど、私もそういうふうに生きたい」と思いました。

それは、「小さなバッグ（＝有限な自分の人生）には、魂の震えるものしか入れない」という決意でもあるからです。

ついつい安請け合いしてしまった仕事や、本当は誰かに頼めたなあ、というような仕事まで、抱え込んでしまっていることがよくあります。

自分がやるべき大切な仕事にエネルギーを投入するには、まずは業務の洗い出しをする必要があります。

中堅社員研修の講師をするときにやっているワークなのですが、

（1）自分しかできない仕事
（2）他の人でもできる仕事

にすべての仕事を分類してみましょう。

このワークをして、何でも抱え込み、人に甘えられない人が「ここまでは後輩に頼もう」という気持ちになり、上手に仕事を手離れさせていった例もあります。あなたのやっている業務を後輩にも教えることで、後輩の育成にもつながり、1人で仕事をかかえるより全体の効率もよくなります。10分ほどでできる簡単な作業ですので、ぜひともやってみていただきたいと思います。

このワークをした方々からは、「私がご飯を作らなくちゃ」とか、「買い物は今日中に済ませるべき」とか、仕事場だけでなくて家でも、思い込みに囚われていることがわかった、という声がたくさん寄せられました。

②の、「他の人でもできること」をひとりで抱え込んで、疲れている人が本当に多いのですね。

仕事と家事・育児を両立させながら、しなやかに輝くためには、「私がやらなくちゃ」と自分を追いつめないことが大事ではないでしょうか。

今までたくさんの方たちを見てきた中で、どこかでぽきんと心が折れてしまう方は、真面目で一生懸命、責任感を持って働き、ノーと言えない一方で、周囲からの評価は高い方が多いのです。でも、上手に人に協力をお願いすることができれば、能力をもっともっと生かし、さらなる高みへのぼることができるのです。

「人に頼まず、完璧にやりたい」という気持ちもあるかもしれません。

けれども、あなたが本来やるべきことに集中して取り組むことで、あなたにしかできない仕事の精度を上げ、どんどん能力を磨いていくことができます。質を高めるのです。

それほど大切とは思えない用事をなるべく省き、得意分野に注力することで、他の誰にも真似できない、あなただけの武器となるスキルを手にいれることができます。それが、あなたの人生を加速させます。

しかし、残念ながら、私たちは様々な雑用に身の回りを囲まれています。

例えば、書類が机の上に積み上がっていることに嫌気がさし、一つひとつの書類に目を通し、夢中でそれを片付けていたら、来週に迫っていたコンペティションの準備がおそろかになっていた。

そんなことはないでしょうか？

仕事でも家事でも「そこまで時間をかける必要のないもの」にまで全力を注いでしまい、大切なことに取り組むときに、肝心のエネルギーも時間もないということも、よくあることですね。人生を充実させるのは、量より質。どれだけたくさんのことをするのではなく、どれだけ価値のあるものを生み出せるかなのではないでしょうか。

そのために取り組むのは、まずこのふたつ。

①やらないことを決める（良くもなく、悪くもないことはやめる）
②本当にやりたいこと、自分がやるべきことを決める（人生の質を高める）

自分の本当にやりたいことは、実はそんなにすぐわかるものではありません。「これはやらなくてもいいかな」と思うことから先に省いていく中で、「私は本当はこれがしたかったんだ!」というふうに、徐々に見えてくるものだと思います。

だから、「もうこれ以上、私1人ではできない!」と思ったときは、周りを見回してみてください。

きっと誰かができるはずです。そんな誰かを見つけて、少し勇気を出して、お願いしてみませんか。両手がふさがっていては、欲しいものが目の前にあっても手に取ることができません。それどころか、「何が本当に必要か」すら、手がいっぱいで見えなくなります。本当に欲しいものを掴み取るためには、片手は空けておきましょう。

Point of
This Lesson

バッグの中身の選択は、あなたの行動の選択。本当に大切なことを見極めるには、バッグの中身をよく見て、重要度を振り分けること。

Way of Life Called
Minimum Rich

Lesson 2

# 本当に大切なものは、直感に従って選ぶと後悔しない

直感を磨く「7秒ルール」を
試してみましょう

「第一印象から決めていました」。

お見合い番組で、カップルになった男女が、そう言うのを聞いたことがありませんか。

第一印象は、7秒で決まるとも言われています。


例えば、ファミレスで何を食べようかと、メニューを見始めます。

パッと目に飛び込んできたスペシャルハンバーグ、1800円。でも、ちょっと強気な値段に迷います。1分以上、メニューを3往復しながら悩んだ結果、1200円の日替わり定食に決めました。

でも、隣の席の人が頼んだスペシャルハンバーグを横目で見ながら、こっそり後悔したことはありませんか？

本当に満足する1800円と、後悔した1200円、どちらがハッピーでしょうか？

直感的に「ほしい！」と思った方は実際に手に入れられなかったとき延々と後悔し続け

ます。直感のパワーは強いのです。

もちろん私たちは、直感にばかり従って生きるわけにはいきません。「食べたい！」と思ったものを何でも食べていたらあっという間にカロリーオーバーで、健康を損なってしまうかもしれませんし、お金もなくなってしまいます。

けれども、高度情報社会の世の中で、直感が必要以上に軽視されているのは確かです。私たちの直感は、思考よりもパワフルなくらいの力を秘めています。

頭で考えて納得した結果だとしても、どうしても身体が動かない、やりたくない。そういうことはありませんか。

その場合は、本能が「ノー」と言っているのです。思考がこうと決めたものの、その決定はあなたに合っていないのではないでしょうか。私たちはこの、直感を裏切る行動はできません。

どうせなら、持っている力は最大限に磨きませんか。

第一印象で決める「7秒ルール」です。まず、最初の7秒で心からの信号をキャッチする練習をします。「青だったら、迷わずGO。赤だったら必ず止まる」ということを意識してみます。

決断のための時間がたくさんあってもぐるぐると遠回りをして、結局最初決めたことに戻ってきたという経験はありませんか？　大切なことは、人は直感的に「7秒」くらいで決めているのではないでしょうか。

20年以上前にニューヨークに行ったときの話です。道端のマンホールからも熱風が吹き出ていて、朦朧とするような夏の日でした。

展示会が開催されている目的地の2ブロック先まで20分ほど歩こうと、地図を片手に歩き出しました。

流れ出る汗を拭きながらサングラスを外すと、なぜか海が見えてきました。

「おかしい……」。


でも、地図では合っているように思えます。

ほとんど人もいない、タクシーも通らない場所です。だんだんと不安になってきました。

スマートフォンもない時代です。

私の心の奥からは、「このまま進んだら危険」という赤信号がなんども送られてきます。

結局、私は楽しみにしていた展示会を諦め、引き返しました。自分の危険信号をどうしても無視できませんでした。

後から調べると、やはり行ってはいけない危険ゾーンで、そこで被害にあった観光客もいたような場所だったらしいのです。

たとえ、これが現代でスマートフォンを持っていたとして「こっちで合っている」と指示されても、直感を信じなければいけない場面だったと思います。

便利な世の中になり、情報や知識は膨大に手に入る時代になりました。

それに従ってものを判断するのが、基本的には合理的だと思います。

しかし、こんな直感を忘れていると、間違った情報を鵜呑みにして、振り回されてしまうこともあります。情報を取捨選択するときも、やはりどこかで、私たちは直感に頼っているのです。

直感力を磨くには、スマートフォンの地図や情報に頼らず、知らない街を歩いてみるのがいいのではないかと思います。

端末の電源は切って、バッグにしまいましょう。

おもしろいものがありそうだな、素敵な通りだな、いい匂いがするな、と思ったらそちらへ行ってみます。そして気の向くままに、どんどん歩いて探検してみましょう。

そういう直感の働くときの方が、案外本当に気にいる場所を見つけることができるのです。

そして、情報の武装もときには外さないと、フットワークを重くしてしまうものだということが理解できるのではないでしょうか。

そんな経験の積み重ねで、「私はこういうものに心が動くんだな」「好きなテイストは変わらないな」と自分のことが、次第にわかってきます。

ある時、クローゼットを整理してみたら、シーズン違いの似たような紺色ワンピースが4着も出てきて、びっくりしたことがあります。毎回「いいな」と思って買っていたのですが、自分では4着も持っている自覚がありませんでした。

このように、頭で把握していなくても、直感的な好みは意外とはっきりしています。

必要なときに直感に従った選択ができるようになると、本当にしたいこと、好きなものばかりが、自然と身の回りに集まってくるようになります。

ぜひとも、差し障りない範囲から、目を閉じて「直感」に選択を任せてみませんか。

Point of This Lesson

間違った選択をしてしまうのは、最初から「直感」を否定するとき。
直感が鋭いときは、後々「よかった」と思える選択ができる。

Way of Life Called
Minimum Rich

Lesson 3

# 人生の舞台によって変えるバッグ

## 生活にメリハリをつけるには
## バッグを持ち変えること

「仕事と家庭、切り替えはどうしていますか？」「ストレス解消法は？」と、女性のリーダー研修、キャリアデザイン研修で、よく訊かれます。皆、ワークライフバランスに悩むことは多いのだと思います。

女性のキャリアは家事・育児・介護など、役割が多く時間もエネルギーも足りず疲弊していきます。

真面目な人ほど、職業人として、妻として、母として、娘として「こう、あらなければ」という縛りや思い込みが強く、追いつめられてしまうケースもあります。

T美さんは、キャリア20年のベテラン営業ウーマンです。総合職として初めての女性採用として、第一線でがんばり続けてきました。

3年前に結婚してからも、独身時代と同じように、週末も家に書類を持ち帰って仕事をすることが多くなっていました。期待に応えるには、とにかく量をこなすことが必要だと思っていたからです。また新規プロジェクトの立ち上げのため、オンライン講座でのスキルアップに取り組み、夜中まで勉強することもありました。

気分転換がうまくできず、常にイライラしているので、ご主人からは「家で仕事をするのはやめて欲しい」と言われてしまいました。

後輩からは、「T美先輩のような仕事の仕方はできない」「この会社には、女性の理想となるようなロールモデルはいない」「営業職と結婚、育児の両立は無理ですよね」と言われるようになり、ワークライフバランスを重視し、退社を考える後輩が増えて悩んでいました。

そんなT美さんへ、キャリアアドバイスをしたときにお伝えしたのが、「ライフキャリア・レインボー」というドナルド・E・スーパー（米国・教育学者）のキャリア理論です。

キャリアとは、職業経験のみではなく、その人が人生の中で果たす役割すべてを含むもの。「ライフキャリア・レインボー」とは、人生における様々なシーンで、いくつもの役割経験を積み重ねて、初めてキャリアが形成されるという考え方です。

その役割とは、①子ども、②学生、③職業人、④余暇人、⑤市民、⑥親、⑦配偶者、⑧家庭人（社会人を加え、9つの役割という説もあります）です。彩り豊かな人生を送るには、それぞれのシーンでのこの役割を果たしていくことが必要だという理論です。

どの役割に携わっている比重が大きいかは、年齢によっても違ってきます。

親に保護され、子どもと学生、2色の役割が主だった10代に比べ、歳を重ねるに従って、役割の色は増えたり減ったりしながら、人それぞれの彩り（キャリア）を形成します。

結婚しても仕事を続け、子どもを産み、親となった女性は、家事の比重も大きくなりますが、人生は長さだけでなく、幅（役割）も楽しみましょうという理論なのです。

しかし、T美さんのように、役割が重なってくると、キャリアの彩りが増えた分、果たすべきことも増えていきます。

その結果、「切り替えができない」と悩むことが多いのです。

けれども、虹の色は、それぞれが他の色と混じり合わないからこそ、美しく見えます。一つひとつの色が、はっきりとしていて美しいからこそ、虹のように色が揃ったときの感動があるのです。

ですから、美しいライフキャリア・レインボーをつくるには、虹の色＝キャリアのさまざまな場面を混ぜずに、その時、その時、目の前にあることに集中することです。

美しい虹色を楽しむには、「今は、何色時間」と決めましょう。

例えば、仕事をしているときは、洗濯物が溜まっていることは考えない。

余暇を楽しんでいるときに、明日のプレゼンのことを考えて憂鬱にならない。

「今、ここ」に集中するという意識です。

私は、T美さんに、仕事を「量より質」にシフトすることを勧めてみました。

自分でなくてもできる仕事は、部下に頼みます。家事も、全部1人でやろうとせず、家族の助けを借りればいいのです。

そして、その時々で、本当に大切だと思うことに集中して、丁寧にやります。一つひとつ、それぞれの虹の色を鮮明にするには、質を上げることです。

私はT美さんに、週末用の小さなバッグを持つことを提案しました。

彼女は今まで、効率を意識して、仕事に行くときも家族で食事へ出かけるときも、すべて仕事で使うトートバッグひとつで済ませていたのです。その結果、せっかくの余暇の時間も、なんとなく仕事のことが気になって、気が休まらないということが続いていました。

気持ちの切り替えがうまくいかないときは、外側から変化を起こしてあげるのがおすすめです。

バッグを持ち変えるには、中身を入れ替えなければなりません。中身を入れ替えるときには、「今日はお出かけだからこれだけでいいな」「そとゆきのハンカチを持って行こう」など、考えますよね。これがスイッチとなって、頭も「仕事モード」から「余暇モード」に切り替えることができるのです。

例えば、職業人のときは落ち着きのあるグレーのトートバッグ。余暇を楽しむときは、癒しを感じる色、パープルのミニバッグ。学生としてセミナーで学ぶときには、大学時代のキャンパスカラーであるグリーンのショルダーバッグ。

このように、それぞれのメイン舞台によって、役割を果たしてくれるバッグを意識的に変えるのもひとつの方法です。

バッグを変えることで、それぞれの気持ちに別のスイッチが入ります。そして、それぞれの時間を大切に楽しみ、慈しむことができるきっかけになるかもしれません。

ある日、T美さんは、ご主人とのディナーの写真をメールで送ってくれました。「今まで、ディナーに行くときも仕事用の大きなトートバッグでした。今日はちょっと気分が違います」と、書かれていました。パープルのバッグは、大人のディナータイムの舞台によく似合っていました。

彩り豊かな人生のために、それぞれのメイン舞台でのバッグを用意しませんか。

Point of
This Lesson

「今、ここ」に集中するためにも、舞台ごとにバッグは変えてみましょう。持ち替えたバッグから、気持ちが切り替わっていくはずです。

Way of Life Called
Minimum Rich

Lesson 4

# 花を育てるとわかること

人にもお水と太陽と風を与えて、
見守ってあげること

販売スタッフ時代、大きいバッグに目一杯、荷物を詰め込んでいたころの私は、心の中も自分のことで一杯でした。自分が成果を上げること以外、興味や関心が持てなかったのです。もちろん、後輩を育てたり、気づかってあげることもできませんでした。

店内にある花や木をすぐに枯らせてしまう私に、ある日上司がこう言いました。

「花は自分で水を飲むことができない。その花に水をやることができない人は、人も育てられない」

当時、私は35歳。後輩育成で悩んでいた時期でした。

会社経営をするお客様にも、「35歳からは何か育ててみると自分の限界がわかる」と言われました。

エリクソンのライフサイクル論（発達心理学）でも言われているように、30代後半以降の成熟期は、「自分より若い世代に対して、意味あるものを提供できるかどうか」が課題となります。

「ただ自分だけが成長できればいい」のではなく、何かを育てることで、自分も成長していくことが必要なのです。

次の世代に意味のあるものを積極的に与えることが求められるようになります。この課題をクリアできないと、成長は頭打ちになってしまいます。

悩んでいる頭と心を抱えて、私は店内にある花や木に、朝一番で水をやることから始めました。茎が水を吸いやすいようにハサミを入れたり、栄養剤を入れたり、花や木の状態を毎日観察するようになりました。

こうやって毎日ちゃんと見てあげると、ちょっとした変化に気づきます。

葉っぱが黄色くなっていたり、土が乾き気味になっていたり。

花は、あっという間に咲き、数日で陰りが見えてきて、散ってしまうことにも気持ちが動きました。

葉や花が枯れてきたら丁寧にとってあげて、毎日適切な量のお水をあげる。

ときには窓側に移して、太陽の光にもあててあげます。

人を育ててあげることは、植物の面倒を見てやることと似ていることに気づきました。

相手の変化に気づいたら、こちらから積極的に声をかける。

話をしっかり聞いて、自ら決められるよう、選択肢を提示する。

自分が相手の状況を理解しようともせず、結果ばかりを求めていたことにも気付けました。

さらに、後輩の悩みや相談を聞くうちに、「私も、こんなふうに悩んでいたな」と思い出します。

自分の経験談を話しながら、自分のものの考え方が整理されていくという体験もすることができました。

**「教えることは2度学ぶ」と言われるように、育成することは、あなたを成長させてくれる経験です。**

何かを育てていくことは、自分のスキルの棚卸しにもなります。

そして愛を持って見守って育てた後輩は、あなたの強力な味方になってくれることでしょう。

新しい世代の育成は、30代後半からの人生の課題です。

成長が頭打ちだな、うまくいかないな、と思ったら、それは周りの人をきちんと見てあげることができていないのが理由かもしれません。人間関係にも、定期的にお水をやることを忘れないようにしたいですね。

Point of
This Lesson

次世代に何を残していけるかを考えることで、成長できる。

Way of Life Called
Minimum Rich

Lesson 5

# ものを修復できる人は、人間関係も修復できる

心まで実り豊かになってくる
修復と手入れの時間

私はものを直して使うことを覚え、家電製品や家具、洋服なども、メンテナンスして同じものを何年も使っています。

これは私個人の考え方ですが、人付き合いのコツは、バッグをメンテナンスする習慣に似ていると思います。

例えば、革のバッグが雨に濡れてしまった場合。そのまま何もせず、時間を置くと革には雨ジミが残ってしまいます。あとからそれに気づいて、クリームを塗り込んだり、磨いたりしてもシミはとれません。

これを人間関係に例えれば、友人が困っているときは、「その時」「すぐに」手をさしのべなければ、後から慰めたり、謝ったりしても取れない「シミ」が残ってしまうかもしれません。

それは、仕事でも同じです。

トラブルが起こりそうなときは、何か他のタスクがあったとしても、最優先で対応することが大切です。でないと、しょっちゅうニュースになっているあちこちの企業の不祥事のように、ブランドを損なう大惨事に発展しかねません。

今は何もかもがスピーディーな時代です。不安やトラブルの種を放置してしまうと、物事がどんどん進行してしまい、後悔することが多くなります。多少面倒だと思っても、いろいろな事情があって自分のことで手一杯でも、バッグを濡らした水滴はさっと拭き取ってしまいましょう。

また、バッグのメンテナンスを例にすると、革のバッグは湿気を何より嫌います。暗い、閉め切ったクローゼットの同じ場所にしまったままだと、次第に革が湿気を含んで、次第にべたついてきてしまうのです。

これも、人間関係と似ていませんか。

飲み仲間や友人など、気安いからと言って決まり切った仲間とばかりつるんでいると、次第に関係も湿っぽくなることがあります。いつも同じ愚痴、いつも同じ場所。だんだんとイライラすることも増えてくるかもしれません。

仕事仲間も同様です。同じところに居すぎて、同じ人とばかり話していると、視野が狭くなり、新しい発想が生まれづらくなります。

仕事仲間を信用することは大切ですが、仲良くなりすぎて馴れ合いになってしまっても困ります。

ビジネスの関係である以上、けじめは必要ですし、きちんと言いたいことが言える関係が、プロとして働く以上は必須だと思うからです。

また、絶え間なく会っていて、仲良くなりすぎると相手への期待値も高くなります。

「この人なら絶対私の期待を裏切らない」と思ってしまうこともあります。

けれど、いくら気心のしれた仲間でも、見たことがない面はありますし、いろいろな理由で信頼に応えられないこともあります。

友人関係でも湿気を含まないドライな部分は必要です。まあお互い完璧じゃないしね、また今度余裕があったら話してね、というように、お互いの欠点を受け入れ、許せる関係の方が長く続きます。

バッグも人間関係も、同じところに置きっ放しでは湿気っぽくなってしまいますから、ときには置き場所を変えたり、日に当てて虫干ししたり、変化を持ってメンテナンスしてあげることが必要かもしれません。

そして、同じバッグを毎日使っていると、間隔をあけて使うよりも、ずっと早くくたびれてきてしまいます。

気に入ったものは使いやすくてつい酷使してしまうのですが、大事な相棒だからこそ、休ませてあげることも必要です。

また、他のバッグを持ってみることで、そのバッグに合わせるために新しいコーディネイトを考えることになり、結果的にファッションのコーディネイトの幅も広がります。

ちょっと手間がかかるかもしれませんが、その分新しい発見があるのです。

これを仕事に例えると、ジョブローテーションに当たるのではないかと思います。

ある業務に慣れた人が、1番早く、うまくやれるので、いつも同じ人がこなすことになっている。

それが1番収まりがよいですが、ときにはべつの人がやってみることも必要です。

違う人が異なる視点からみると、能率が悪い仕組みに労力を割いていたなど、見えなかったものが見えるようになることもあります。

いつも同じバッグを使わないためにも、1日使ったバッグは家に帰ったら中身を全部出し、状態をチェックします。

空になったバッグを明るい電燈の下でじっくり見てみると、ものの重みや持ち方の癖で変形している部分も見えてきて、「意外に酷使していたんだな」ということに気づけるはずです。また、ほころびが見つかったり、手入れが必要な部分を早めに見つけることができ、致命的な傷になる前に、修理に頼むことができるのです。

また、新人研修でよく受ける相談もやはり人間関係についてです。

「先輩と接するとき、どこまで近づいていいのかわかりません」

「プライベートなことって、どこまで踏み込んでいいんですか？」

「雑談のマニュアルはないですか？」というものです。

ですから、先輩社員には、「新人には1日に1回は必ず、どう？　と、興味を持って聞いてあげましょう」とアドバイスしています。

バッグも、人も、「調子はどう？」とこまめにチェックする習慣をつけて、適切に手入れしてあげると長持ちします。

ものを大切にメンテナンスして使う人は、人間関係も修復して長いお付き合いを育てていけると思うのです。

Point of
This Lesson

人間関係のメンテナンスが苦手な人は、
まず持っているバッグをメンテナンスする習慣から始めてみませんか？

販売スタッフとして働いていた時代、週末になると小さいバッグに持ち替えて、颯爽と登場するマダムたちは、私の憧れでした。

誰にでも分け隔てなく接し、話しかけやすい雰囲気を持っていました。いつも両手は人のために空けておく、そんな余裕を感じさせる素敵な女性たち。その象徴が小さいバッグだったのです。

当時、たくさんのものを持ちたいと必死だった30代の私には、少ないもので満足するマダムたちの価値観が新鮮でした。「人生はこれだけで、十分豊かなのよ」というメッセージでもありました。

あるマダムは、家の中のスペースを、わざと何も置かず空けておくのだと言いました。震災があったその地域で、いざというときに他の人に寝る場所を提供するためです。

「そんなことは、余裕があるからできる」と思われる気持ちはわかります。けれども、普段から他者に対する思いやりや包容力を持とうと努力することから、余裕が生まれてくるのではないでしょうか。

身軽であることは自由で、人と繋がる余白があることです。

いつのまにか私もマダムたちと同じ年齢になりました。これからの時間は、お手本にしてきたマダムたちと同じように荷物を手放し、人生に多くの余白をつくろうと思います。そこに入るものは最小限必要なもの、本当に大切にしたいものだけで十分です。

一昨年、父が他界しました。

私が本を好きになったのは父の影響です。小さいころから天井まである本棚を眺めて育ってきました。

本棚に並んだ多くの本を処分しながら、1冊1冊に込められた愛着やシナリオ作家に憧れた父の夢を噛みしめました。

親不孝だった娘ですが、この本を皆様へと贈り出すことができたことは、父も天国で喜んでくれているだろうと思っています。

そしてこの本が、手に取ってくださった皆様にとって、人生で本当に大切なものを見つける一助になることができれば幸いです。

最後になりましたが、ここまでたどり着くまでの長い道のりを応援してくださったすべての方に、心から感謝を申し上げます。くじけそうになったとき、「あなたの本を読みたい人が必ずいるから」と励まし続けてくれた仲間に支えられました。本当にありがとうございました。

2016年春　横田真由子

# おわりに

最後までお読みいただき、ありがとうございます。

2016年に上梓した本書は、私のデビュー作です。書店でティファニーブルーの表紙を見つけたときの興奮は、今でも忘れることができません。

あれから7年経ち、改めて読み返してみると、自分自身の未熟さや稚拙さを感じ、書き直したいところは随所にありますが、今ではもう表現できないような、あの時代の熱を感じます。

私自身、捨てられないことや、手放せないことを、改めて見直すタイミングだった時期でもあり、「小さなバッグ」に入れるものを書きながら精査し、自分自身の棚卸しを行っていたのだと思います。

背負う荷物が身軽でないと、人生の下り坂は、うまく歩くことができませんから、この

7年でたくさんのものを手放して、自分の歩き方は、ようやく軽やかになってきました。

「小さなバッグは有限な人生の象徴」というコンセプトは、7年経った今でも色褪せることはありません。この混沌とした時代に、改めてお伝えできることを光栄に思っています。

今回、本書を改訂版として新たな命を吹き込み、世に送りだしていただいたクロスメディアグループ代表の小早川様、そして、クロスメディア・パブリッシングの社員の皆さまにも、心より感謝を申し上げます。

「ミニマムリッチ」＝「上質なものを少しだけ」という生き方が、これからも多くの皆さまの人生に上質な豊かさをもたらす、小さなきっかけになれますように。

２０２４年１月吉日　横田真由子

［著者略歴］

**横田真由子**（よこた・まゆこ）

ミニマムリッチ®コンサルタント／オフィスファーレ代表
株式会社ケリングジャパン（旧GUCCI JAPAN）販売スタッフとして有名人やVIP客の担当となり、3年で店長に昇格。顧客獲得数No.1となる。VIP客のもの選びに女性としての優雅な生き方を学び、独自の「大人エレガンス」を実践する契機となる。
2004年、英語の「Do」と同義語のイタリア語「Fare」を屋号に、「オフィスファーレ」を設立。ものをただ使い捨てるのではなく、選んだものを大切に手入れしながら愛し抜く姿勢に、真の豊かさを感じ、「上質なものを少しだけ持つ人生」＝「ミニマムリッチライフ」を提唱し、セミノー・講演・執筆活動を行う。
著書は『すてきな靴が一歩ふみ出す自信をくれる』『本当に必要なことはすべて「ひとりの時間」が教えてくれる』（クロスメディア・パブリッシング）など、累計12万部。

［オフィシャルサイト］http://minimum-rich.com/

---

# 改訂版《かいていばん》　本当《ほんとう》に必要《ひつよう》なものはすべて「小《ちい》さなバッグ」が教《おし》えてくれる


2024年1月11日　初版発行
2024年6月24日　第2刷発行

著　者　横田真由子

発行者　小早川幸一郎

発　行　株式会社クロスメディア・パブリッシング
〒151-0051 東京都渋谷区千駄ヶ谷4-20-3 東栄神宮外苑ビル
https://www.cm-publishing.co.jp
◎本の内容に関するお問い合わせ先：TEL（03）5413-3140／FAX（03）5413-3141

発　売　株式会社インプレス
〒101-0051 東京都千代田区神田神保町一丁目105番地
◎乱丁本・落丁本などのお問い合わせ先：FAX（03）6837-5023
service@impress.co.jp
※古書店で購入されたものについてはお取り替えできません

印刷・製本　中央精版印刷株式会社


　ISBN978-4-295-40925-0　C0030

# 忙しくても素敵な暮らしをしたいあなたへ
# 上質な時間のつくり方

本当に
必要なことはすべて
「ひとりの時間」
が教えてくれる

忙しいあなたへ
上質な時間のつくり方

ライフスタイル
コンサルタントが教える
ちょっとしたひと工夫で
毎日を素敵にする方法

★ ひとりの時間にすることが自分らしい感性を磨く
★ 素敵な部屋を保つ秘訣は"フェイバリットコーナー"
★ 上質なものの見分け方は"細部"にある
★ 老いゆくものでていくしく心もやわらぐ

横田真由子　Mayuko Yokota

Gen on the Peki Hemp

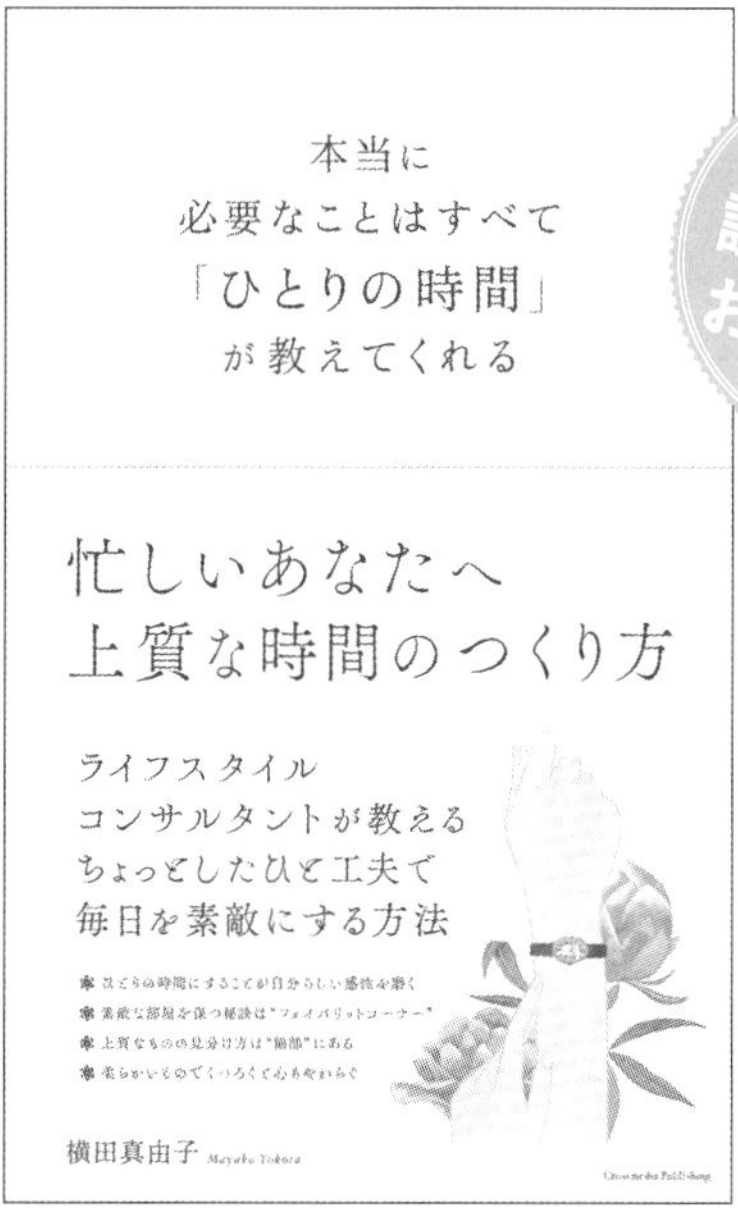

**本書を
読んだ方に
おすすめ！**

# 本当に必要なことはすべて
# 「ひとりの時間」が教えてくれる

横田 真由子（著）／定価：1,518円（税込）／クロスメディア・パブリッシング

毎日にゆとりがなく、時間に追われてここまできてしまった。「私、このままでいいんだろうか」と、過去に後悔、将来に不安を抱いている――そんなあなたへ。1日10分、「ひとりの時間」を大切にしてみませんか。本書では、「ひとりの時間」を中心に、限りある時間の質を上げ、毎日をもっと素敵に、自分らしく生きるためのヒントをご提案します。キーワードは「ミニマムリッチ」＝「上質なものを少しだけ」。あれもこれも求めず、本当に大切なところにだけこだわるということです。